Neurocoaching Para La Familia

*Una herramienta poderosa para
fortalecer las relaciones familiares.*

Edición
Revisada y
Extendida

José Rivera Talavera

INTEGRAL
COACHING

Neurocoaching Para La Familia

Una herramienta poderosa para fortalecer las relaciones familiares.

(Edición Revisada y Extendida)

Psicología, Consejería

Programación Neurolinguística

ISBN-13: 978-1511430418

José Rivera Talavera

Segunda Edición — 2015

Foto del Autor — Integral Coaching

Arte Portada — Publica Tu Libro.net

Copyright©2015— José Rivera Talavera

Editor Ejecutivo — M. Pérez-Cotto

Integral Coaching

Jrt.integral.couching@gmail.com

San Juan, Puerto Rico

II

INDICE

III

¡Síguenos!

www.facebook.com/Jose.Rivera.Talavera

www.twitter.com/jrt_intg_coach

Dedicatoria

Dedico este libro a mi familia. A mi esposa
Jenny por su apoyo y a mis dos hijas, Deborah
y Diana por enseñarme a ser padre.

Agradecimientos

Quiero agradecer a todas las personas que de alguna manera me retaron y han enriquecido mi vida. También quiero agradecer a Edilberto Ramos, Myrna R. González, Migna Cruz y Carmen Rosario por su análisis y observaciones para que este libro cumpliese con el objetivo de tocar vidas.

PRÓLOGO

Cuando consideré escribir un libro sobre Neurocoaching sabía que tenía que ser sobre la familia. La familia es una institución que en los últimos 60 años ha sido objeto de incesantes presiones. La familia funciona como un sistema vivo y como todo sistema en evolución, se trasforma y va cambiando, siendo estas transformaciones inseparables de las transformaciones de la sociedad que la contiene.

Los problemas actuales de la familia están conectados con las influencias que constantemente reciben de los diversos medios, y la dificultad que tienen sus miembros de generar relaciones gratificantes que propicien la cercanía, comprensión y el gozo de la vida en la experiencia familiar.

Las personas hacen lo mejor que pueden con los recursos que tienen a su disposición y la familia no es la excepción. En medio de los cambios y las demandas a la que se ve exigida sigue buscando nuevas formas para cumplir con su misión sagrada de crianza, socialización y protección de sus miembros, sin embargo, no podemos conformarnos con recursos pobres, es necesario y hasta urgente generar nuevas formas de comunicar y de relacionarnos para poder fortalecer a la familia.

Este libro trata de cómo generar nuevas formas de ser que comienzan contigo, de modo que, tu familia se fortalezca a la vez que pueda conquistar todo aquello que atenta contra su unidad. Se requiere ser proactivo para tener la familia que tú deseas. ¡Tú puedes hacer la diferencia! Este es un libro que te ayudará a identificar lo mejor de ti y como al conectar contigo lograrás conectar con los miembros de tu familia. Para todo existe una estrategia y, ¿qué es una estrategia? Unos pasos en un orden dado con el fin de obtener unos resultados.

Encontrarás estrategias para profundizar en la relación con tu familia, de modo, que puedan celebrar la vida juntos con mayor intensidad y satisfacción. Identificarás el poder que reside en ti para hacer la diferencia que hace la diferencia en tu familia y comenzarás a ver, escuchar y sentir a los miembros de tu familia de un modo distinto y positivo que propiciará mayor unidad y gozo. Esto se presentará desde el modelo de Neurocoaching.

Neurocoaching es la combinación del arte de Coaching con las estrategias poderosas de la Programación Neurolingüística. ¿Qué es esto? Es una forma poderosa de generar modos de comunicarte contigo mismo y con los demás que generan resultados extraordinarios. Neurocoaching tiene que ver con la manera en que pensamos y como esto se traduce en la forma en que nos comportamos y nos comunicamos.

Tú puedes tener una familia en excelencia, es decir, una familia donde sus miembros se comunican y se relacionan de una manera que la experiencia que se genera es gratificante y edificante.

¡Todo comienza contigo! Basta con que tú hagas algo diferente y verás que tu familia responderá de forma diferente. Es posible, tú te lo mereces y tienes la capacidad de propiciar y vivir una experiencia familiar profunda y gratificante. Es cuestión de cómo y el cómo comenzarás a clarificarlo con la lectura de este libro. ¡Si es posible para otros, es posible para ti! Vive, celebra y goza de la familia que siempre has deseado.

"El distanciamiento y la desconexión en una familia no se da en el vacío, no es que de pronto te levantaste un día y encontraste que tu familia estaba en crisis..."

Capítulo 1
"TODO COMIENZA CONTIGO"

efinitivamente todo comienza contigo. Tú eres el dueño de tus pensamientos, emociones, creencias y comportamiento. Todo esto conforma tu manera de ser y, por ende, el modo en que te proyectas a los demás. Ahora bien, este modo de ser ¿genera en tu familia el bienestar, la alegría y la relación de cercanía que tú deseas? Probablemente contestarás que a veces sí y a veces no, que en ocasiones las cosas más o menos te funcionan y en otras, definitivamente no te funcionan como tú quisieras. Podrás decir que hay momentos en que las cosas están bien y otras en que las cosas pueden mejorar, que la manera en que te comunicas a veces te funciona con algunos miembros de tu familia y en otras ocasiones parece no funcionarte. Al igual que tú, los otros miembros de tu familia también tienen una percepción de la misma. ¿Qué pensarán ellos de ti? ¿Cuáles son las críticas hacia tu persona que constantemente escuchas de parte de ellos? La contestación a estas interrogantes no es otra cosa que la opinión que ellos tienen sobre su experiencia de ti.

Tú conoces muy bien tus motivaciones e intenciones y sabes desde lo profundo de tu corazón que haces lo que entiendes que es mejor para ellos, sin embargo, ellos en muchas ocasiones lo perciben de otra manera. Por eso todo comienza contigo. ¿Qué puedes hacer diferente para que estas percepciones correspondan a tus motivaciones e intenciones? En tus manos tienes la posibilidad de influenciar positivamente a la otra persona, de modo, que puedas hacer algo diferente para que estas percepciones equivocadas correspondan y puedan alinearse a tus motivaciones e intenciones.

Muchas posturas bien intencionadas tienen resultados poco productivos. La forma en que te comportas en la familia responderá a la percepción que tienes de ti y de lo demás miembros de la misma. Si eres el padre o la madre podrás decir que eres la autoridad en tu hogar, por lo tanto, los demás miembros tienen que respetarte y si eres hijo(a) dirás: "es que no me entienden y siempre hacen lo mismo". ¿Cuál es el resultado de estas posturas? **Familias desconectadas** y, por ende, disfuncionales en muchos contextos. Y te preguntarás, ¿Qué es una familia desconectada? Son familias que aunque comparten un mismo techo, viven en mundos cada vez más alejados y distantes el uno del otro. Poco a poco y sin darse cuenta los miembros de la familia se alejan el uno del otro. Esto sucede en la medida que cada cual se concentra en sus actividades individuales y menos en las actividades comunes. Es entonces, que día a día se tornan criaturas automatizadas, cada uno en su cuarto con su televisor, su juego electrónico o las tareas habituales, es decir, cada uno en su mundo, ensimismado en su propia realidad y en sus propios afanes.

Lamentablemente todo esto sucede a pesar de compartir un mismo espacio físico que se llama hogar. La comunicación se reduce a temas superficiales centrados en necesidades básicas tales como: necesito tal o cual cosa, cómprame tal cosa, llévame a tal sitio, tengo hambre, recoge tal o cual cosa y todas las que tú, lector, podrías mencionar. El distanciamiento que poco a poco va generando esta forma de relación entre los miembros de la familia es tan dañina que cuando se intenta generar un diálogo o una instancia de cercanía, las partes sienten el esfuerzo que implica comunicarse con la otra persona. El diálogo cercano y pasivo se convierte en un verdadero reto. Lograr evitar la molestia por lo que hace o dice el otro en respuesta a tu cercanía y prevenir el conflicto y mantener la paz se convierte en un logro. Ante este panorama de familias desconectadas paulatinamente y a un nivel inconscientemente surge la evasión como modo de relación cotidiana y, por ende, cada vez la interacción se torna más y más parca, fría y distante. Esto sucede en mayor o menor grado en las familias según sigan avanzando en la relación de desconexión.

El distanciamiento y la desconexión en una familia no se da en el vacío, no es que de pronto te levantaste un día y encontraste que tu familia estaba en crisis, más bien fue un proceso lento que comenzó con unas prácticas en respuesta a unas demandas de la vida diaria. Estas demandas cotidianas han puesto a las familias bajo asedio y se requiere identificar los elementos que atentan contra su bienestar. La demanda de tiempo y esfuerzo en los trabajos y en la escuela, sumada a las actividades rutinarias en el hogar tiene el efecto de agotarnos, de cansarnos física, emocional y mentalmente; y si no te cuidas terminarás refugiándote en tu propio mundo a modo de buscar un alivio. El precio a pagar será muy caro ya que la interacción familiar se irá relegando a un segundo plano hasta prácticamente anularse.

Lamentablemente, son muchas las familias que sin darse cuenta se han convertido en personas que viven bajo un mismo techo y apenas se conocen. Familias tensas, cargando con molestias y heridas emocionales cada vez más profundas. El alejamiento parece ser inevitable. No hay la menor duda que tanto los avances tecnológicos entre otras cosas, tales como: la computadora, los juegos electrónicos, la televisión e Internet, han sustituido el gozo y disfrute de la interacción familiar. Resulta que los miembros de la familia no se buscan para tener tertulias, jugar o disfrutar el uno del otro por estar entretenidos y sumergidos en sus propias cosas.

Que tal si te detienes y observas a tu familia ¿Qué ves? ¿qué escuchas? ¿qué sientes? Tú puedes hacer la diferencia. No me mal interpretes, creo que el momento histórico que nos ha tocado vivir es maravilloso y que los avances tecnológicos bien utilizados nos enriquecen y facilitan las cosas. Sin embargo, es necesario saber enfocarse en la familia y tornarse proactivo para procurar su bienestar. Si te distraes con todas las comodidades y entretenimientos que tienes a tu disposición terminarás desenfocándote de lo que es importante en tu vida; que no es otra cosa que la relación con tus seres queridos. Dicho de otra manera, te ocupas de tu familia o la perderás. La corriente, el fluir de lo que esté de moda arrastrará con ella.

La manera en que está estructurada nuestra sociedad actual con sus valores y creencias de consumo, nos lleva a desarrollar un modo de apreciar los eventos desde una perspectiva egocentrista del tener; que nos lleva a su vez a reestructurar el significado que les damos a nuestras experiencias. Comenzamos a ver, a escuchar y a sentir las cosas desde una vertiente mejor y diferente. Esto atenta contra la misma esencia de la integridad familiar que resulta ser todo lo contrario de lo que es tener más cosas, mejores cosas y cosas diferentes. En la familia el valor fundamental está centrado en la persona, no en lo que tiene o en lo que hace.

Y tú, ¿qué piensas de tu familia? ¿cómo se encuentra? Si fueses a evaluarte a ti mismo, ¿cuál sería tu nivel de satisfacción con tu familia? ¿cómo te sientes en relación con tus hijos y tu pareja? ¿cómo te gustaría que fuera tu familia? Si de ti dependiera generar una dinámica familiar que hiciera la diferencia de una manera positiva, ¿cómo es que tendrías que ser para que esto se pudiera lograr? Tendemos a pensar en lo que no nos gusta de la otra persona, en lo que el otro hace mal. Es fácil identificar lo que la otra persona debe cambiar. Sin embargo, todo cambio comienza contigo. Es necesario, en todo viaje de transformación, identificar el punto de partida y el punto de llegada para así trazar la ruta más eficiente hacia el logro de lo deseado, que en este caso sería una familia sustentada en una relación fuerte de amor y conexión.

¿Cómo están las relaciones entre los miembros de tu familia en este momento?	¿Qué puedes hacer diferente	¿Cómo deseas que sean las relaciones familiares?

Te invito a que realices el siguiente ejercicio y conectes profundamente contigo. Ves a un lugar donde te asegures que no habrá interrupciones y piensa en cada uno de los miembros de tu familia y cómo es tu relación con cada uno de ellos. Al pensar en cada persona que compone tu familia hazte plenamente consciente de las emociones y los sentimientos que tu cuerpo te manifiesta en la medida que contestas las preguntas. Asígnales una puntuación a tus niveles de satisfacción en el que (1) es totalmente insatisfecho y (10) es totalmente satisfecho. Esto lo harás de acuerdo con cómo te sientes en este momento. Simplemente conecta con tus sensaciones corporales. Los porqués no son necesarios en este momento. Basta con identificar las emociones. Acuérdate este es un proceso de descubrimiento y de conexión contigo.

Ejercicio: satisfacción familiar	Nombre	Nombre	Nombre	Nombre	Nombre
¿Cuánto te gozas con...?					
¿Cuánto conversas con...?					
¿Cuán satisfecho estas con lo que conversas con...?					
¿Cuán bien conoces a...?					
¿Cuán cercano te sientes a...?					

Ahora que te has dado una puntuación en términos de tu satisfacción actual sabes dónde estás, tienes el punto de partida, ahora se requiere identificar el punto de llegada, o sea, lo que deseas. Las cosas que ya son, imagínalas como tú quieres que sean ¡tu familia en excelencia! Visualízate interactuando con ella desde un nivel de satisfacción y gozo de un 10 (totalmente satisfecho), en confianza, unión y bienestar. Visualiza e imagina que estás en un cine sentado cómodamente en una butaca viendo la película de tu familia feliz. Observa y hazte plenamente consciente de la manera en que te comunicas cuando visualizas a tu familia feliz, ahora observa como respiras y cuán relajado está tu cuerpo cuando interactúas satisfactoriamente con tu pareja y tus hijos, escucha la manera distinta que ellos responden a ti y cuán satisfecho y contento te sientes, ahora que tú te relacionas de una manera diferente con ellos. Disfruta como ellos responden también de una manera distinta en cercanía y bienestar. Cuando estés satisfecho con la película de tu familia feliz, imagínate que flotas hacia la pantalla y entras en el personaje. Ahora en tiempo real, respira en bienestar, observa y escucha en bienestar familiar, siente y celebra la alegría de ser parte de algo espectacular. ¡Ser parte de una familia en excelencia!

> Para encontrar aquello que buscas es necesario saber de antemano qué es lo que buscas.

El primer paso significativo para lograr una familia en bienestar es saber identificar cómo es una familia en bienestar, o sea, cómo se ve , se escucha y se siente. Esto te da un sentido de dirección a la vez que te permite reconocer cuándo te acercas a lo que quieres con relación a tu familia, al igual que cuándo te alejas del mismo. Haz este ejercicio cuantas veces sea necesario de modo que puedas ir generando más claridad en términos de pensamientos y sensaciones de lo que es tu familia en bienestar. ¿Y cómo sabrás que lo que quieres y tanto deseas para tu familia no es una fantasía o algo inalcanzable? Cuando lo que descubras, se ve bien, se oye bien, se siente bien y te hace sentido, si es así, sabrás que es posible. La mente es más poderosa de lo que te imaginas, cuando sientes con todo tu ser y eres capaz de verlo, escucharlo y sentirlo, serás capaz de crear esta nueva realidad de bienestar.

> Lo posible no existe, se crea.

Todo lo que observas a tu alrededor comenzó su existencia en la mente del que lo creó. Observa los muebles de tu casa, el vehículo que conduces o la silla donde estás sentado, todo eso existió primero en el pensamiento e imaginación de una persona. Igualmente, la familia que deseas comienza con tus pensamientos, tu deseo y tu habilidad de ver, escuchar y sentir aquello que aún no se ha manifestado y que es posible.

Todo comienza contigo.

"... vale la pena invertir tiempo y esfuerzo para estructurar en positivo y específico lo que quieres lograr."

Capítulo 2

"PARA QUE LAS COSAS CAMBIEN YO DEBO CAMBIAR PRIMERO".

Estamos acostumbrados a fijar nuestra atención en aquellas cosas que no queremos. Es por eso que, en muchas ocasiones, puedes identificar lo que no quieres con mucha facilidad, es obvio decir que no quieres peleas, que no quieres que te falten el respeto y que no quieres que te digan mentiras. Ahora bien, resulta que cuando se trata de identificar lo que sí quieres resulta más difícil y requiere más consciencia, tanto es así que hasta en ocasiones verdaderamente puedes sentir que por más que lo piensas no logras encontrar las palabras adecuadas para describir lo que quieres. Sin embargo, vale la pena invertir tiempo y esfuerzo para estructurar en positivo y específico lo que quieres lograr. Por ejemplo, en vez de decir: "No quiero peleas", puedes pedir, "Quiero que dialoguemos tranquilamente, primero te escucho y luego me escuchas". Por otro lado, en lugar de decir, "No quiero que me faltes el respeto", podrías decir – "Te amo y quiero que nos tratemos con cariño y respeto". "Para mí, respeto significa _____". Recuerda que debe ser en positivo y específico . Además, en lugar de decir –

"No quiero mentiras", puedes decir – "Quiero que me digas la verdad".

Por ejemplo, en vez de decir no quiero peleas, podrías solicitar: "Quiero que dialoguemos tranquilamente, yo te escucho y luego tú me escuchas" en lugar de decir "No quiero que me faltes el respeto" podrías decir "Yo te amo y quiero que nos tratemos con cariño y respeto; para mí, respeto significa... (en positivo y específico) en lugar de decir "No quiero mentiras" puedes decir "Quiero que me digas la verdad"

Es importante la manera en que comunicas tus sentimientos, pensamientos e ideas porque la comunicación se da dentro de un marco que le da significado a lo expresado, tanto para ti como para la otra persona. Así como una foto puede parecer cambiar de acuerdo con el marco que utilices, de igual forma las palabras tienen sentido de acuerdo con el marco en que se utilizan. Comunicar desde lo que no quieres surge de un estado que implica resistencia, no estás comunicando lo que quieres sino algo que no aceptas. La otra persona a su vez, recibe el mensaje y puede continuar o desistir de hacer lo que estaba haciendo según lo que tú expresaste y lo que él o ella entendió. Sin embargo, todavía la comunicación está incompleta porque no se ha solicitado realmente nada o en el mejor de los casos, se ha solicitado algo a medias.

Si tú no le dices a la otra persona claramente lo que deseas, esa persona no tendrá otra opción que llegar a sus propias conclusiones sobre lo que entiende que tú deseas. Comunicar desde el marco de lo que no quieres implica más esfuerzo para darte a entender. Añádele estructura a tu lenguaje de manera afirmativa y positiva y, comenzarás a generar resultados favorables y cónsonos con tus deseos. Cuando cambias la forma de estructurar el lenguaje hablado la otra persona comenzará a responder de forma diferente.

Nadie cambia a nadie, tú te cambias a ti mismo.

Cuando se trata de generar cambios es importantísimo reconocer que para que las cosas cambien tú debes cambiar primero. Realmente nadie tiene la potestad de cambiar a otros, puedes apoyar y alentar a los demás hacia el cambio (si es que estos lo desean) no obstante, la decisión final de cambio lo hará la otra persona. Por lo tanto, en tu viaje hacia la transformación familiar deberás concentrarte en ti, en lo que está en tu esfera de poder, en todo aquello que depende únicamente de ti. . Dicho de otra manera te invito a considerar lo siguiente.

¿Qué puedes hacer diferente para mejorar tu dinámica familiar? ¿Cómo se requiere que sea

✓ tu humor,
✓ tu tono de voz
✓ postura y palabras

para que los que te escuchen respondan favorablemente? ¿Cómo sabrás que eso que haces diferente te acerca a lo que quieres? Como ves se requiere que inviertas mucha energía en ti, en tu proceso de cambio y, eso es posible cuando desistes de tratar de cambiar a los demás. Esa energía que malgastas en tratar de cambiar a otros ahora la rediriges hacia ti. Concentrarte en ti es un paso significativo. Tú estás en control total de tu persona, por lo tanto, eres plenamente responsable de tus resultados.

> En el viaje de la transformación familiar, el inicio comienza contigo.

En la medida que asumes responsabilidad por lo que a ti te toca, aportas al bienestar de tu familia. La familia es más que un grupo de personas que viven bajo un mismo techo, es un sistema, un equipo donde para operar bien se requiere que cada parte realice lo que le corresponda. No juzgues o señales a los demás, esto tiene el efecto de generar resistencia hacia ti. Permite que cada cual se esfuerce por aprender de las experiencias de la interacción familiar en términos de lo que funciona y no funciona, para así poder hacerlo cada vez mejor.

Resulta que cuando te fijas en lo que el otro hace o no hace e inviertes tus energías en tratar de cambiar al otro sin examinar lo que tú puedes hacer diferente para crear un nuevo contexto en la relación, terminas agotándote, en molestia y distanciándote de la persona que amas y con quien deseas tener una buena relación. Esto sucede por tu empeño en querer controlar al otro, en fijarte en lo negativo del otro y pretender que las cosas cambien a expensas de que el otro cambie. Si quieres liberarte de las frustraciones y los corajes que te roban la paz es preciso que comiences aceptando que para que las cosas cambien tú debes cambiar primero.

Las personas no son como las máquinas o las computadoras que les das un comando y ejecutan. Cada cual interpreta los eventos y los siente de una manera particular. Imagínate que pasaste un mal día en el trabajo y llegas cansado a tu casa, lo que quieres es tranquilidad y resulta que tu hijo y tu esposo/a comienzan a hacerte peticiones o darte quejas, como ya llegas cargada explotas y descargas tu malestar sobre ellos. A su vez, ellos responden ante tu comportamiento con disgusto y nuevamente entramos al círculo vicioso de quién tiene la culpa. Cada cual se siente que ha sido victimizado por el otro y generas emociones y pensamientos que justifican el alejamiento, por ende, la lógica del comportamiento es que para no discutir o continuar peleando mejor ni hablamos. Cada cual se va a sus actividades individuales. Este comportamiento aparentemente funciona momentáneamente, sin embargo, puede convertirse en un patrón donde la convivencia familiar se sostiene en la evasión.

Se ha dicho que para que las cosas cambien tú debes cambiar primero y te preguntarás ¿cómo se logra esto? Primeramente, debes reconocer que tú estás a cargo de tu mente por lo tanto eres enteramente responsable de tus resultados. Esto significa que cada comportamiento que tienes está acompañado de un pensamiento que lo valida, por lo cual, interpretas el evento de tal manera que tu comportamiento responde ante eso que das como cierto. Por lo tanto, te pregunto, ¿qué das por cierto sobre tus hijos, sobre tu pareja, sobre la dinámica de convivencia en tu hogar, sobre el trato que debes recibir de los demás miembros de tu familia y sobre los roles de cada cual? ¿En qué medida estos pensamientos o supuestos que tú das por ciertos y son tu marco de referencia te incomodan y te frustran o te animan y te acercan a la relación familiar?

Que tal si identificas por ejemplo, que el trabajo afecta tu estado de ánimo y, por ende, tu dinámica familiar y decides hacer algo distinto antes de llegar a tu casa de modo que cuando llegues estés más relajado y de buen humor, qué tal si creas consciencia de tu manera de pedir las cosas y decides e identificas que hay muchísimas otras maneras de solicitar lo que quieres, de manera que los miembros de tu familia se puedan sentir bien y respondan favorablemente a tu petición. Esta forma de comunicar tiene como resultado que en el proceso tú te sientes bien, qué tal si eliges sustituir la queja por un reconocimiento, que tal si en vez de buscar culpables asumes tu responsabilidad en lo que te toca para que tu familia se fortalezca en la relación.

En vez de buscar culpables asume tu responsabilidad en torno del bienestar familiar.

Todo cambio que tú realices para fortalecer a tu familia es un acto de amor y al amparo del amor, todo es posible, es cuestión de cómo y el cómo comienza contigo. ¿Dé quien depende? Si piensas que depende del otro, renuncias a tu poder de hacer la diferencia en tu familia. Cuando haces algo diferente las personas comenzarán a responder de una manera diferente. Albert Einstein decía: "No se puede resolver un problema con la misma mentalidad que lo creó". Por lo tanto, piensa diferente, replantéate los supuestos que das por cierto en tu familia y pregúntate en qué medida este pensamiento fortalece o debilita la unidad familiar. Identifica qué nuevos pensamientos sobre tus hijos, tu pareja y el hogar, aportan al bienestar de tu familia, qué nuevo supuestos podrías generar en ti que redunden positivamente en tu familia de modo que disfruten más el uno del otro. Genera una nueva postura con tu familia de modo que comiences a hacerte cada vez más consciente de todo lo positivo que en ella ocurre, así disfrutarás de más momentos de gozo y cercanía.

> Al amparo del amor
> todo es posible, se requiere que
> comiences contigo mismo.

Somos lo que pensamos, por lo tanto, piensa y elige enfocarte en todo lo bueno que tiene tu familia, identifica las fortalezas y construye tu nueva relación sobre ellas. Identifica qué pensamientos añaden unidad y comprensión a tu vida familiar de modo que puedas nutrirlos. Las fortalezas que tú identifiques se convertirán en el sostén de tu familia. Es como el cimiento de un edificio. Sabemos que un buen cimiento equivale a un edificio sólido y estable. En cambio, un cimiento débil es igual a un edificio que apenas se puede sostener. Tus cimientos son tus pensamientos. Es favorable identificar aquellos pensamientos que tienen el efecto de edificar y, a su vez, también aquellos que debilitan tus relaciones familiares. El bienestar de tu familia al igual que la construcción de un edificio, requiere que utilices los mejores materiales. Construye sobre las fortalezas de tu familia cada momento de alegría y gozo que han disfrutado; que te servirán de columna para sostener a tu familia en momentos de prueba. Los recuerdos buenos son poderosos para cimentar desde el amor. Conecta contigo mismo y verás que es posible disfrutar de la familia que deseas. Tú posees o puedes generar todos los conocimientos y las destrezas para ayudar a tu familia a moverse hacia un nuevo espacio de bienestar.

¿Qué quiero para mi familia en... (positivo y específico)	¿Cómo se requiere que yo piense, me comunique y me comporte?	¿Qué debo ver , escuchar y sentir para saber que lo estoy logrando?
Compartir (define lo que es compartir para ti, recuerda estructurarlo en positivo y específico)		Veo_____ Escucho_____ Siento_____
Confianza(define lo que es confianza para ti, recuerda estructurarlo en positivo y específico)		Veo_____ Escucho_____ Siento_____
Respeto(define lo que es respeto para ti, recuerda estructurarlo en positivo y específico)		Veo_____ Escucho_____ Siento_____
Responsabilidades(define cuales son las responsabilidades de cada cual en el hogar para ti, recuerda estructurarlo en positivo y específico)		Veo_____ Escucho_____ Siento_____

El siguiente ejercicio te ayudará en este proceso de conexión, ya que se trabajan cuatro elementos importantes que puedes propiciar en tu familia: el compartir, la confianza, el respeto y la responsabilidad. Escúchate a ti mismo, desde el corazón y contesta con todos tus sentidos. Si es necesario planifica en qué momento y en qué lugar puedes realizar este ejercicio de modo que puedas verdaderamente profundizar en él. Toma el tiempo necesario, lo puedes hacer por partes o lo puedes completar todo. Tú decides, lo importante es que lo hagas bien.

A este ejercicio le puedes añadir otros valores según tu necesidad. Recuerda lo importante es que conectes contigo mismo y aclares los conceptos ¿Qué es lo que quieres? ¿Qué puedes hacer distinto para lograrlo?

CAPÍTULO 3
LA COMUNICACIÓN ES PARA LA FAMILIA LO QUE EL OXÍGENO ES PARA LA VIDA.

Es necesario tomar consciencia de la forma en que establecemos presencia en la familia, no basta con estar físicamente en el mismo lugar. Estar presente implica cercanía, contacto, conexión, es una forma de ser, de pensar y de actuar en donde los demás miembros de la familia no solamente sienten que comparten un espacio común contigo sino que esto se da a otro nivel en el que las personas experimentan una sensación de cercanía con el otro.

A esto le llamamos afinidad, armonía y conexión. Lo contrario es ocupar un espacio que aunque físicamente sea el mismo de nada sirve ya que emocionalmente están distanciados. De qué te sirve tener una presencia que a su vez es alejada, donde hablas y no comunicas, oyes y no escuchas, donde se alejan paulatinamente el uno del otro a tal grado que han dejado de ver, escuchar y sentir la realidad del otro y no conocen su modelo de mundo.

¿Qué dinámicas se dan en tu familia que te desagradan? ¿Cuáles son las insatisfacciones en tu relación actual con los miembros de tu familia? Ante esto podrías preguntarte: ¿Y cómo ocurrió esto? ¿Cómo es que el veneno del individualismo contaminó a la familia? ¿Cuándo comenzó el alejamiento familiar? La respuesta trasciende el cómo, el cuándo y el dónde. Lo que sucedió y cómo sucedió es parte de un pasado que está fuera de tu esfera de poder. Lo que sí tienes es el presente; en el aquí y el ahora en el que tú dispones del poder para hacer cosas diferentes en tu familia de modo que puedas generar resultados distintos.

Es importante identificar la fuente o el origen que alimenta y mantiene las condiciones que propician que el veneno del individualismo siga propagándose en tu familia. Para comenzar un camino de sanación y cercanía es conveniente plantearse y contestar la interrogante ¿qué? El qué es un punto de partida que te permite, de alguna manera, iniciar un proceso desapasionado de clarificación.

El siguiente ejercicio está diseñado para ayudarte a despejar la carga emocional que te desenfoca de lo verdaderamente importante, que es la relación. Estas preguntas te ayudarán a identificar lo que está en tus manos hacer, contéstalas con honestidad y se abrirá ante ti un nuevo mundo de posibilidades. Todo comienza contigo, tú eres enteramente responsable de tus pensamientos, sentimientos y acciones, por lo tanto, conecta contigo mismo y encontrarás las respuestas que estas buscando.

> No se puede resolver un problema con la misma mentalidad que lo creó.
> Albert Einstein

Ejercicio: Despeja y clarifica para sanar

(1) ¿Qué comenzaste a hacer diferente que te fue alejando de tus seres queridos?

_____

_____

_____

_____

(2) ¿A qué actividades o preocupaciones le dedicas tanto tiempo y esfuerzo que comprometes el tiempo de calidad de tu familia?

_____

_____

_____

_____

(3) ¿Qué ha dejado de importarte en términos de la dinámica de tu familia que no estás dispuesto a invertir esfuerzos para transformarlo?

_____

_____

_____

_____

(4) ¿Qué pensamientos limitantes entretienes, alimentas y fortaleces que tienen el efecto de justificar acciones y actitudes de alejamiento?

_____

_____

_____

_____

Es importante contestar estas preguntas con honestidad y pureza de corazón, sin el ánimo de buscar culpables o culpabilizarte. Atrévete a confrontarte y comenzarás a experimentar un estado de poder. Esto tiene el efecto de identificar las causales que generan en tu familia un patrón de individualismo, una vez hecho esto estas listo para moverte de espacio y hacer algo diferente.

El "qué" te señala la fuente de la separación familiar y el replanteamiento de esta misma interrogante te ayudará a identificar posibilidades de transformación. Cuán distinto sería para ti y tu familia si al contestar las siguientes preguntas descubrieras que posees el conocimiento y las destrezas para hacer la diferencia en el bienestar de tu familia. Nuevamente, sumérgete en el mundo de posibilidades y continúa con la segunda parte del ejercicio que te llevará a establecer un plan, un camino a seguir. Contesta desde el corazón, conecta contigo mismo y date permiso de fluir desde el contexto de lo posible. Utiliza las contestaciones de la primera parte para que te iluminen en la reflexión de la segunda parte.

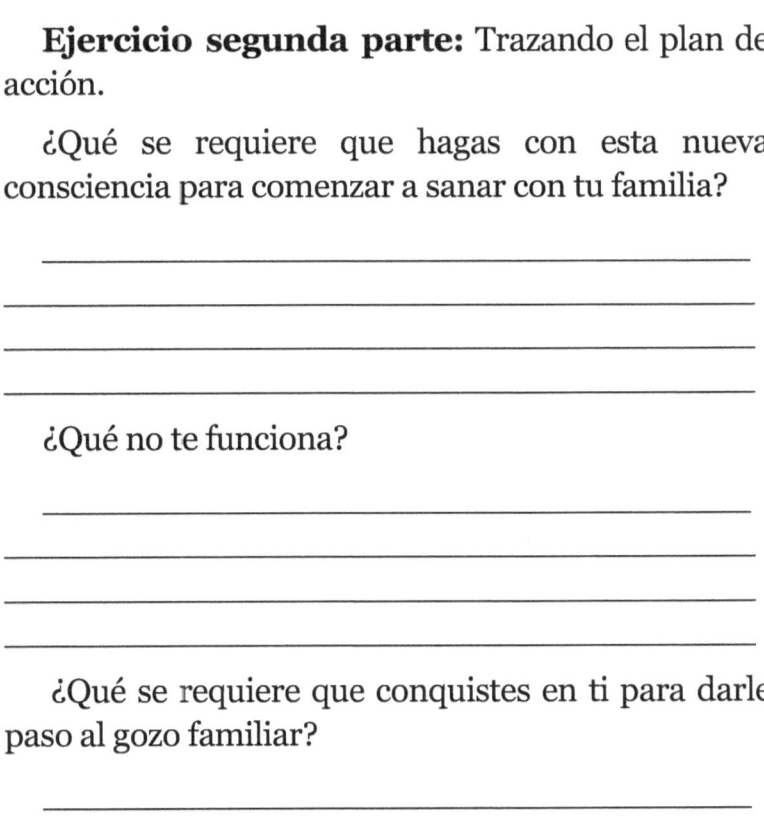

Ejercicio segunda parte: Trazando el plan de acción.

¿Qué se requiere que hagas con esta nueva consciencia para comenzar a sanar con tu familia?

_____

_____

_____

_____

¿Qué no te funciona?

_____

_____

_____

_____

¿Qué se requiere que conquistes en ti para darle paso al gozo familiar?

_____

_____

_____

_____

¿Qué harías distinto si tuvieras la garantía de que ese nuevo comportamiento se convertiría en una bendición para ti y tu familia?

_____

_____

_____

_____

La primera parte del ejercicio se dirige a que puedas desarrollar una nueva consciencia que te permita identificar las conductas no pensadas y automáticas que drenan el bienestar en la familia, aquellos comportamientos habituales en ti que inciden en tu dinámica familiar. Al llegar a tu hogar, ¿qué haces repetidamente que no te apoya, qué haces sin pensar? Funcionar en automático es reflejo de que estás ensimismado, inatento a lo que pueda estar sucediendo a tu alrededor convirtiéndose en una forma de alejamiento y desconexión. Lo peligroso de este comportamiento es que con el tiempo y por repetición se acepta como algo normal y, por ende, nace el individualismo como una manera aceptable de ser y hacer.

Con el pasar del tiempo, al funcionar en automático te pierdes la riqueza de celebrar la vida con tus seres queridos, de reír, de interactuar y de crecer en la relación. Conscientemente estás preocupado con las demandas del día a día de la vida a tal grado que te olvidas de vivir. Tu atención se enfoca en otras cosas y esto significa que dejas de ver, escuchar y sentir a las personas que requieren que se les vea, escuche y sienta.

A nivel de tu "yo" consciente, puedes manejar solamente de cinco a nueve estímulos o trozos de información a la vez, esto significa que puedes estar al tanto plenamente consciente de un número limitado de eventos que están ocurriendo de manera simultánea tanto en el entorno como en tus procesos internos, todo lo demás que sucede (que es mucho más de lo que tú estás al tanto) es captado por el subconsciente. Puedes estar frente a tus hijos, tu pareja y no verlos, ni escucharlos y mucho menos sentirlos si conscientemente estás enfocado en otras cosas tales como tus problemas, corajes, cansancio, frustraciones etc.

> Los hábitos te construyen o te destruyen. ¿Cuáles son tus conductas automáticas?

Completa el llena blanco:

¿Cómo te sientes tú la mayor parte del tiempo?

_____

_____

_____

_____

¿En qué piensas y te ocupas?

_____

_____

_____

_____

Comienza a identificar la dirección de tus pensamientos y ve haciéndote consciente de ti mismo, ¿Cuáles son tu conductas automáticas al llegar a tu hogar?

_____

_____

_____

_____

¿Hacia donde te diriges primero?

_____

_____

_____

_____

¿Qué piensas, cuál es tu diálogo interno?

_____

_____

_____

_____

¿Cómo te sientes al llegar a tu hogar?

_____

_____

_____

_____

_____

_____

¿Qué es lo primero que haces al llegar a tu casa?

_____

_____

_____

¿Este modo de proceder genera cercanía o alejamiento?

_____

_____

_____

Si resulta que te funciona y alimenta la relación familiar, muy bien continúa haciendo lo mismo. En cambio, si descubres que los resultados son insatisfactorios entonces es preciso romper con estas conductas automáticas de alejamiento para que conscientemente puedas hacer el esfuerzo de planificar y provocar espacios de encuentro.

Si quieres retomar la relación con los miembros de tu familia es preciso que comiences con reenfocar en la familia, es decir, verla , sentirla y escucharla de una manera diferente. Es importante identificar a que tú le prestas atención en la dinámica familiar. Si bien es cierto que ocurren cosas desagradables en la dinámica familiar, no es menos cierto que también ocurren cosas espectaculares, la diferencia está en lo que eliges prestar atención la mayor parte del tiempo. Cuando te enfocas en algún evento generas consciencia de ese evento y tu cuerpo experimenta sensaciones que son cónsonas con lo que has elegido para prestarle la atención .

Cuando prestas atención a las cosas que no te gustan, te sientes mal, triste, frustrado y con coraje. Por el contrario, cuando prestas atención a las cosas que te gustan, te sientes feliz, contento, animado, en celebración. Al prestarle atención a alguna cosa de igual manera dejas de prestarles atención a otras. Como se ha indicado el consciente maneja de cinco a nueve trozos de información a la vez. ¿Qué tal si descubres que la realidad es una experiencia subjetiva atada a lo que tú percibes o das como cierto? Es decir, tú no ves las cosas como son, más bien la ves como tú eres. Ante esto ¿cuán diferente sería si conscientemente haces el esfuerzo de ver, escuchar y sentir todo lo positivo que puede tener tal o cual experiencia en tu familia?

Lo cierto es que no hay una dinámica familiar en la que todo sea positivo o negativo, más bien la vida transcurre en un continuo fluir. Lo importante al final del día es lo que tu elijas ver , escuchar y sentir para con tu familia y con relación a ti mismo. Cada conducta, pensamiento o actitud es una elección que genera un contexto desde donde transcurre la vida familiar. Seguramente quieres para tu familia una relación vibrante y cercana, sin embargo, en el interactuar cotidiano, que es donde la vida se manifiesta asumes posturas y actitudes que te llevan hacia la dirección contraria a tus deseos. Estas posturas de vida en el fondo son elecciones; que por ser repetitivas se tornan inconscientes, por lo tanto, se requiere para poder manejarlas conscientemente identificarlas en sus diversos modos de expresión.

> Lo importante al final del día es lo que tú elijas ver, escuchar y sentir con tu familia y con relación a tí mismo.

El siguiente ejercicio te ayudará a identificar comportamientos automáticos. El cuerpo y la mente se afectan mutuamente, por lo tanto, la conducta o el comportamiento que tú manifiestas en determinado momento no es otra cosa que la respuesta visible de lo que estás sintiendo y pensando. Este ejercicio tiene el efecto de liberarte emocionalmente ya que te ayudará a identificar aquellos aspectos de tu vida familiar en donde te sientes insatisfecho y a su vez los pensamientos y creencias que surgen con esa insatisfacción. Tan pronto generas consciencia de tus sentimientos y conductas puedes responder de modo diferente para crecer en el amor y la cercanía familiar,

Este ejercicio tiene el poder de liberarte de patrones de conductas automáticas y al hacer esto crearás un nuevo contexto de posibilidad en tu vida. Puedes, tienes la capacidad y te mereces tener una familia feliz. Es cuestión de cómo, por lo tanto ¿Qué te detiene?

Ejercicio: Liberación emocional.

Evento (lo que sucedió)	¿Qué siento?	¿Qué puedo aprender de esta experiencia?	¿Qué de bueno tiene?	¿Qué puedo hacer diferente para generar bienestar?

Con esta nueva consciencia creas una presencia poderosa en tu familia, dejas de ser invisible e influyes positivamente. Insertas unos niveles de energía que son cónsonos con lo que deseas obtener, comienzas a ver, escuchar y sentir de una manera diferente porque al amparo del amor todo es posible. Tu pareja y tus hijos comenzarán a responder desde la novedad de tu presencia poderosa. No porque ellos hayan cambiado sino porque tú has transformado y has generado un nuevo contexto de vida familiar. ¡Estás poderosamente presente!

Capítulo 4
COMUNICARTE CON EL OTRO ES, ANTE TODO, ESCUCHAR.

La comunicación poderosa comienza con una escucha poderosa. Si aprendieras a escuchar te ahorrarías muchísimos dolores de cabeza. Pocas personas se dan cuenta de lo conveniente que es saber escuchar, de toda la ganancia que encierra estar atento al otro y permitir que este comparta lo que siente y piensa, de toda la información que pueden obtener con simplemente permitir que la otra persona se manifieste. Este tipo de escucha se conoce como la escucha activa, o sea, es escuchar con todos tus sentidos. Es deliberadamente hacerte consciente de la persona que tienes ante ti, es callar el diálogo interno y liberarte de los distractores y las preocupaciones de modo que puedas escuchar, observar y sentir a la persona que tienes frente a ti con la totalidad de tu ser, es observar los gestos y movimientos corporales, es escuchar para identificar la emoción en su tono y ritmo de voz.

La escucha activa es estar plenamente consciente no sólo de lo que dice la otra persona o el contenido de su mensaje, sino el cómo lo dice para poder identificar la emoción o sentimiento hay detrás de lo que está comunicando. Es interesarte de tal manera en lo que te están diciendo que haces preguntas para explorar la totalidad de la experiencia que te están narrando y así poder profundizar en su significado. Es reconocer que en ese momento le estás dando a esa persona, miembro de tu familia lo mejor de ti y, por lo tanto, estás creando un espacio sagrado donde conectas a otro nivel. El espacio sagrado implica una manera de ser donde tu foco de atención se pone a la disposición del otro sin juicios. Tú puedes crear más espacios sagrados en la medida que pones a la disposición del otro tu silencio y le das toda tu atención. Esto implica que en ese momento no hay nada más importante para ti que enfocarte en esa persona y disfrutar de la interacción que emana de simplemente estar presente para el otro. ¡Necesitamos más espacios sagrados para conocernos y celebrar la vida juntos!

> Dar y recibir es lo mismo, por lo tanto, dale al otro lo que quiere y te dará a ti lo que tú quieres.

En los espacios sagrados se da y se recibe, das tu atención y tu silencio y en cambio, recibirás la riqueza del modelo de mundo del otro, ante ti se presenta la oportunidad de verdaderamente conocer al otro y de descifrar lo que mueve a esa persona. Tendrás la oportunidad de conocer como este interpreta los eventos en su vida, qué significado les da a las cosas y qué tiene sentido para él. Cuando escuchas con todos tus sentidos, es decir, observas cómo lo dice, escuchas el contenido de lo que dice y sientes lo que dice, puedes identificar lo que ese mensaje produce en ti y en vez de reaccionar a lo comunicado, ya sea de una forma positiva o negativa, puedes responder con una perspectiva profunda que hará de tu presencia una poderosa.

> Escuchar con todos los sentidos es lo más cercano a leer los pensamientos.

Dar y recibir es lo mismo; por lo tanto, cuando doy lo mejor de mí, genero una fuente de energía que es reciprocada. Dale al otro lo que tú quieres que el otro te dé a ti. Dale tu atención a través de la escucha activa a los miembros de tu familia tal y como tú deseas que ellos te presten atención a ti. Elige el tono y el volumen de voz que has de utilizar con ellos; tal y como tú quieres que ellos utilicen su volumen y tono de voz contigo. Comparte tus deseos, emociones, inquietudes y alegrías con ellos y ellos comenzarán a hacer lo mismo contigo. Celebra la vida con ellos y ellos celebrarán la vida contigo.

La riqueza que se manifiesta en la vida familiar surge desde la diversidad. Cada miembro de tu familia tiene algo único que aportar, descúbrelo en la escucha activa de modo que puedas enriquecerte con la expresión de vida de esa persona que tanto amas. Celébralo y reconoce su unicidad. Comunica desde la aceptación, libre de juicios. Comunica desde la pureza del corazón. Tórnate curioso y hazle preguntas, escucha, vuelve y escucha y cuando termines de escuchar, escucha nuevamente. Explora su modelo de mundo para entrar en él y apreciar las cosas que te dice desde una nueva perspectiva, desde los ojos de esa persona. Al hacer esto, comenzarás a conocer nuevamente y en profundidad a esa persona. Tanto tú como la otra persona descubrirán la belleza del otro y sentirán una cercanía como nunca antes.

> Del escuchar procede la sabiduría
> y del hablar el arrepentimiento.
> Proverbio italiano

Comprenderás que las personas hacen las cosas que hacen por sus propias razones; no por las tuyas, sino por las razones que a ellos les da sentido. Serás partícipe de este proceso ya que al conectar con el otro tendrás más consciencia de sus motivaciones. Conocerás lo que lo mueve y esto te dará la oportunidad privilegiada de influir positivamente en esa persona. Tus palabras serán más sabias porque has podido conectar con el modelo de mundo del otro y al hablar dirás lo indicado, lo que se tenía que decir, tendrás una apreciación profunda del otro y este sentirá tu cercanía y tu comprensión. La escucha activa es poderosa e irónicamente simple una vez desarrollas la consciencia del valor que tiene. Si lo que vas a decir no es mejor que estar callado, no lo digas. Recuerda que uno es dueño de lo que calla y esclavo de lo que dice.

Capítulo 5
TUS EXPERIENCIAS
CONFORMAN TU MUNDO

Continuamente generas nuevas experiencias. Compartes con otras personas, participas de diversos eventos, sientes infinidad de sensaciones y esto conforma lo que es la vida. Estas experiencias se graban en tu memoria y se convierten en filtros perceptivos o modos de interpretar los acontecimientos de nuestra vida. Digamos, por ejemplo, que tuviste un padre que te maltrataba, cada vez que oigas la palabra "padre" o pienses en el concepto de padre sentirás una sensación de incomodidad, porque para ti la palabra "padre" evoca un recuerdo de unas experiencias negativas y, por lo tanto, tiene un significado concreto en tu vida, lleno de imágenes, sonidos y sentimientos cónsonos con la experiencia vivida. En cambio otras personas tuvieron experiencias positivas con su padre y desde esa experiencia le dan otro significado. Los pensamientos, sentimientos y comportamientos de ambas personas serán diferentes y solo podrán ser entendidos desde la realidad de las experiencias que los impulsa.

Las limitaciones solo existen en la mente

49

Todo evento en nuestra vida pasa por el mismo proceso, le adjudicas un significado de acuerdo a las experiencias que tuviste en los distintos contextos de tu vida cotidiana, ya sean en la escuela, en la iglesia, en las relaciones, en la familia o cualquier otra forma de aprendizaje. El modelo que tú tienes del mundo, es decir, la manera en que tú ves las cosas conforma tu estructura de interpretación de los eventos. Esto surge como producto de tus experiencias. La suma de tus experiencias se convierte en tu criterio para interpretar y darle significado a lo que tú percibes como cierto. Todas las sensaciones que perciben tus sentidos son una construcción subjetiva de la realidad, es decir, lo que tú ves, oyes y sientes tiene que ver más con la forma en que tú eres que con el otro. Tú percibes las cosas no como son sino más bien como eres tú. Lo que tu ves, oyes y sientes es más bien lo que eliges ver, escuchar y sentir. Resultado de la suma de tus experiencias.

Cada miembro de tu familia, al igual que tú, se expone diariamente a diversas experiencias de las cuales extraerán un aprendizaje y, a su vez, irán conformando su modelo de mundo. Algunos acontecimientos los vivirán juntos y tendrán referencias similares y otras experiencias tendrán significados diferentes. En tu familia todos los miembros son diferentes y, a su vez, tienen cosas parecidas. Al comprender y validar este hecho le das paso a uno de los pilares fundamentales del cual se sostiene el amor: la aceptación. La aceptación te libera de los juicios, de la tensión y de la frustración, ya que no tienes que esforzarte por tratar de cambiar a los demás para que se conformen a tu modelo de mundo. Esta energía la rediriges hacia la transformación en la relación. La aceptación te libera para amar.

> La aceptación te libera para amar.

Imagínate cuán distinta sería la relación si aceptaras el hecho incuestionable de que tus hijos y tu pareja son distintos a ti, por lo tanto, en vez de resistirte a ellos, a sus comportamientos, sus ideas, su manera de ser y reaccionar con desagrado, te interesas por su punto de vista y te esfuerzas en conectar con su modelo de mundo para comprenderlos mejor. Al generar este nuevo modo de ser, descubrirás que la unicidad de cada cual se convierte en un motivo de asombro, fascinación y una nueva razón para amarlos. Continuamente podemos ir conociendo a las personas en la medida que nos damos ese espacio, solo se requiere que te liberes de las ideas preconcebidas y te permitas fluir con una nueva consciencia de que los miembros de tu familia vibran llenos de vida y que la expresan desde su autenticidad. Desde este contexto de vida es posible el enriquecimiento mutuo.

Fortalecemos la relación familiar cuando respetamos el modelo de mundo del otro. Ni mejor ni peor solamente diferente.

El problema surge cuando tú y los demás miembros de la familia intentan imponer su modelo del mundo al otro en lugar de comunicar efectivamente su precepción (lo que tú ves, oyes y sientes). Esto sucede porque estamos llenos de temores, vivimos desde el miedo, pensamos en todo lo negativo que puede suceder y luego actuamos y nos relacionamos como si fuera cierto. Tratamos de disipar el temor controlando al otro para que piense y actúe como yo lo haría. Esta conducta fue aprendida en alguna instancia de tu vida. Las figuras de autoridad que estuvieron presentes en tu crianza ejercían control sobre ti, tus padres lo hacían y tus maestros lo hacían y cualquier otra figura a quien tú le atribuías autoridad. Esta experiencia de vida te mal enseñó que cuando se ama es necesario controlar al otro y, por ende, gritamos, pegamos y castigamos, lo cual es dañino para la relación. Todo con el pretexto de que quiero lo mejor para ti.

Esta manera de relacionarnos no requiere que pensemos y de hecho el razonamiento es el gran elemento ausente. La respuesta de atacar o de huir nos viene de nuestros ancestros prehistóricos que requerían actuar de esa manera para poder sobrevivir en un ambiente de continuo peligro y hostilidad. La familia no es una selva llena de peligros de vida o muerte; todo lo contrario es un espacio seguro donde nos alimentamos y crecemos desde el amor. Resulta que el ataque no requiere evaluación de tu parte; sientes una amenaza y automáticamente surge la respuesta visceral, por lo tanto, este comportamiento es uno inconsciente que se hace por repetición.

Estas conductas mal formadas pasan a ser parte inherente de tu experiencia familiar al validarlas y aceptarlas como normales. Tus padres y las figuras de autoridad en tu vida, a su vez, hicieron la misma validación y se comportaron de la misma manera, donde de una forma u otra buscaban controlarte con toda la buena intención, de eso no hay duda. Ante estas experiencias de vida configuraste un modelo de mundo donde te comportas de la misma manera; esto fue lo que aprendiste. Este es tu modelo de mundo que surge de acuerdo con tus experiencias con las figuras de autoridad.

En consecuencia, ejerces, sin necesariamente darte cuenta, una dinámica de autoridad por la fuerza y la imposición y, por ende, terminas formando a tus hijos para que se conviertan en adultos inseguros, temerosos y reaccionarios que, a su vez, necesitan controlar para sentirse que tienen autoridad. Es más fácil intentar controlar que comunicar para la transformación. Cuando controlas estás en poder y control, gritas, pegas, castigas y hasta manipulas al otro. En el fondo, te sientes satisfecho por creer que los demás te obedecen y piensas que estás logrando tus objetivos, empero, no te das cuenta de que en realidad la otra persona se resiente y poco a poco se irá alejando de ti. El comportamiento violento en sus diversas expresiones lacera y genera sufrimiento independientemente de la buena intención que lo promueve.

La violencia en su manifestación familiar podría parecer conveniente por sus elementos de desahogo y descarga emocional. Se puede pensar que se obtienen resultados inmediatos, rápidos, que apenas toma tiempo, un buen grito o una pegada y para el cuarto, asunto concluido. Nos gustan los resultados inmediatos. Vivimos en la era de la comida rápida, del microondas, de las cosas al instante y buscamos implementar esto a las relaciones, donde el grito, las palabras hirientes y los golpes cumplen con su cometido. De esa manera no lograrás la obtención del respeto porque, nuevamente y quizás cuando no estés presente, se repetirá la misma conducta no deseada, que fue castigada. Esto sucede porque los gritos y los golpes no producen reflexión en las personas, más bien generan molestia y más violencia. Cuándo a ti te gritan, ¿cómo te sientes? ¿qué piensas? Tus hijos y tu pareja también tienen sentimientos y esta forma de proceder genera en ellos las mismas reacciones que generan en ti cuando tú eres objeto de esta forma de descarga emocional por parte de los demás.

> Trata a los miembros de tu familia como tú quieres que ellos te traten.

Con la violencia laceras la relación con el otro por medio de tus palabras y tus acciones. No se puede construir una relación saludable y cercana hiriendo emocionalmente y físicamente a la persona que amas. Este patrón de conducta en la relación familiar no tiene otro resultado que generar experiencias de dolor y, con el tiempo, resentimiento y distanciamiento. Con tu pareja puede suceder lo mismo, nuevamente el patrón de poca tolerancia, crítica y control inevitablemente termina lacerando la relación a tal grado que cada día se comparte menos, se dialoga menos y ambos terminan llenándose de memorias dolorosas con heridas profundas. A muchas parejas les llega el día en que deciden que ya no pueden vivir juntos, que apenas pueden mirarse y mucho menos tener una conversación sosegada, sienten que es tan poco lo que tienen en común que es mejor separarse.

En cambio puedes relacionarte poderosamente con los demás desde la escucha, comprensión, buen humor, cercanía, aceptación, desde la excelencia, dándole al otro lo mejor de ti. Piensa por un momento, que tal si tu jefe te tratará de esta manera, ¿cómo te sentirías? ¿cómo sería tu ejecutoria en tu trabajo? ¿cómo sería el ambiente en tu lugar de trabajo? ¿cuánto respeto sentirías por tu jefe? Verdaderamente, la diferencia sería notable. Probablemente, sentirías más respeto y admiración por tu jefe, no tanto por el puesto de autoridad que ocupa sino por la forma en que ejerce la autoridad.

> Cada experiencia se convierte en un aprendizaje. Procura generar experiencias positivas para que el aprendizaje sea positivo.

La autoridad verdadera de la que tú deseas gozar en tu familia no se impone, se crea. Te la otorgarán tus hijos y tu pareja porque tú eres capaz de inspirarla con tu manera de ser; y este modo de ser es tan poderoso que es reconocido y sentido por el otro. Cada experiencia puede convertirse en terreno fértil para transformar la relación. Tú lo puedes lograr si te esfuerzas en ser más tolerante, más consciente de tus estados emocionales y controlas tus impulsos. Puedes conquistar los comportamientos que no te funcionan para darles paso a nuevas formas de ser. El cambio es posible si diariamente te lo propones. Dale al otro lo que tú quieres que el otro te dé a ti y verás que con la perseverancia irás ganando terreno firme. Una relación sólida se sostiene sobre un cimiento fuerte que resiste los embates del viaje hacia la transformación. Enséñales a tus hijos o a tu pareja el modo en que deben tratarte, en el trato que tú le das a ellos.

Te has preguntado alguna vez, ¿por qué hay tantas personas inteligentes que no son felices? ¿Qué le sucede a esas personas que la vida se les escapa, que le resulta muy pesada, donde la inconformidad es el acompañante habitual? La fuente de la felicidad emana desde tu interior. La felicidad es el estado natural de tu ser y la infelicidad es un estado aprendido. Esto ocurre porque has sido socializado en la negación de tu autenticidad. Estas desconectado de ti a tal grado que, en ocasiones, ni siquiera sabes qué es lo que quieres y necesitas que otra persona te diga que hacer, requieres de la aprobación del otro, el que dirán se convierte en el indicador de lo que debes hacer. Actúas y vives desde la expectativa del otro y a su vez controlas al otro para que viva desde tus expectativas. Te proyectas como crees que los demás desean que debes actuar y comportarte. Esta dinámica de vivir desde el modelo de mundo del otro te aleja más de ti impidiéndote conectar con tus riquezas internas. Desde esta perspectiva de vida definitivamente, irás generando una sensación de vacío e inconformidad interior.

> La evasión es una manera de escape que te impide atender los asuntos importantes en tu vida.

Cuando ya es insoportable esta inconformidad, buscas un escape, como el alcohol o cualquier otro vicio. También pueden darse conductas como dormir en exceso, comer demás o vivir desde la superficialidad con tal de huir de ti mismo. El objetivo es entretenerte en otra cosa para no sentir y no sufrir. Vas a psicólogos y a psiquiatras para que te solucionen los problemas, para que te digan qué es lo que debes hacer contigo mismo. El control impuesto por los demás y aceptado por ti termina anulándote y en vez de vivir con un sentido de propósito y satisfacción, lo que tienes es una lucha interna por sobrevivir.

Tus hijos aprenderán desde temprana edad a aceptarse a sí mismos y a moverse en libertad desde tu relación con ellos. Ellos desarrollarán una autoimagen propia desde lo que tú les comunicas y les proyectas. Tu manera de interactuar con ellos podrá fortalecerlos y ayudarlos a aceptarse y amarse a sí mismos. En cambio, puedes insertarles a tus hijos limitaciones, temores y complejos que marcarán su vida. Ellos aprenderán a aceptarse a sí mismos y a asumir responsabilidad por sus acciones en la medida que tú los aceptas y les enseñas a vivir con un gran sentido de amor y celebración por la vida.

CAPÍTULO 6
LA COMUNICACIÓN TRANSFORMADORA

La comunicación lo es todo. La calidad de la relación dependerá de la calidad de la comunicación, es decir, se puede comunicar para construir o para destruir. La comunicación destructiva tiene diversas modalidades solapadas de violencia y en el fondo lo que busca es controlar al otro y en ese proceso se lastima la relación. En cambio, la comunicación transformadora valida a la otra persona y a su vez fortalece su autoestima. La aceptación que le das al otro se convierte en la auto aceptación que el otro se da a sí mismo.

La comunicación transformadora parte de la premisa de que todo comportamiento tiene una intención positiva y esta intención es satisfacer una necesidad. Digamos por ejemplo, que tu hijo quiere que le des permiso para ir a jugar y tú se lo niegas, él responde con furia y te falta el respeto, ante este comportamiento tú lo castigas y ahora resulta que tampoco puede ver televisión. Tú terminas sintiéndote molesto y el niño frustrado. Ambos se acusan mutuamente, el niño podría decir que eres injusto y tú dirás que es una falta de respeto. Ambos piensan que tienen la razón y la relación se ve afectada; aunque sea momentáneamente.

El niño no quería que tú lo castigarás como tampoco tú querías que el niño piense que eres una persona injusta. El niño quería satisfacer una necesidad, digamos que estaba aburrido y quería jugar para entretenerse. Tú, en cambio, le negaste el permiso y le dijiste que no, amparándote en tus propias razones que seguramente son válidas. Tú te sientes mal y el niño se siente mal. Esta dinámica de vida se repite continuamente donde cada parte tiene una percepción distinta del evento y una explicación cargada de culpa hacia el otro para justificar el malestar. Entramos en el juego de perder-perder donde somos víctimas y a su vez, victimarios. Este tipo de comunicación daña las relaciones, por lo que es necesario superar esta dinámica disfuncional para darle paso a la comunicación transformadora.

La comunicación transformadora no es reaccionaria, es acogedora y proactiva. Cuán distinto sería si tú te das un pequeño espacio y consideras un evento en tu familia que te produjo molestia y te preguntarás: en este momento que estoy molesto con él ¿cuál será la necesidad no satisfecha que hay detrás de su conducta ? ¿qué es lo que él o ella realmente quiere cuando me pide tal cosa? Busca más allá de la conducta que observas en esa persona para así poder detectar la necesidad que esta tratando de comunicarte, independientemente si la manera en que lo comunicó fue adecuada o no. La persona es más que su conducta. Observa, siente y escucha con calma, esto te ayudará a conectar con la realidad de esa persona y a su vez validarle su necesidad. Cuando validas a la persona, lo que haces es reconocer y comunicar que entiendes la importancia que reviste tal cosa para él o ella; aunque para ti desde tu modelo de mundo, no lo sea. Puedes decirle que lo entiendes y genuinamente querer generar en ti un deseo de conectar con él.

Comunícale que entiendes su necesidad y que es legítima, pero que en este momento no puedes complacerlo por tal o cual razón, sin embargo, entiendes su situación, lo escuchas y generas un proceso transformador donde ambos acuerdan una forma aceptable de satisfacer su necesidad. Esta forma de comunicarse y relacionarse toma más tiempo y esfuerzo, no obstante, el resultado es que se fomenta la creatividad en la solución de problemas, se genera cercanía, se crece en el diálogo y la persona aprende que sus necesidades son importantes y que hay una forma apropiada de manifestarla y de satisfacerla.

> Lo comunicación es completa cuando escuchas lo que no se dice.

El comportamiento presente es la mejor alternativa de una persona y si tuviese otras alternativas cuyos comportamientos sean más apropiados el comportamiento cambia. Dicho de otra manera, cada persona buscará hacer lo mejor posible con lo que tiene a su disposición. Por ejemplo, digamos que tú necesitas poner un cuadro en la pared, tienes el clavo y el lugar perfecto para poner el cuadro, sin embargo resulta que no tienes un martillo ¿Qué vas a hacer? Buscar un sustituto para poder realizar la tarea; tal vez una piedra. Obviamente, pasarás más trabajo y posiblemente no te quedará tan bien como si hubieses tenido la herramienta adecuada, no obstante, encontraste una solución e hiciste lo mejor posible con las herramientas que tenías a tu disposición. En cuanto al comportamiento, se aplica el mismo principio, responderás de la mejor manera posible con los recursos físicos, emocionales y cognitivos que tengas a tu disposición.

El agravante es cuando esos recursos no te funcionan y te sientes atrapado, sin saber qué hacer, inconforme, buscas culpables y siguen las acusaciones, tales como: "Es que tú...", "Si te callaras", "Tú empezaste primero" , "Tus actitudes" . Acusaciones que generan en el otro la necesidad de defenderse. A pesar de que sabes que esta manera de proceder realmente no te funciona, al no saber qué hacer diferente se repite el mismo patrón esperando resultados diferentes. Cuán distinto sería si tú lograrás mantenerte relajado y en calma independientemente del comportamiento del otro. Esta nueva manera de responder te pondría en una posición ventajosa ante el otro porque te ayudaría a mantener claridad de pensamiento y responder hábilmente. Es desde esta postura de autocontrol que tú puedes generar respuestas sanadoras y así tener mejores resultados.

> La capacidad de comunicarte efectivamente con otro ser humano constituye la base de tu éxito personal.

En la comunicación transformadora estamos en calma y tranquilos , esto nos permite prestar atención a lo verdaderamente importante, lo cual es la necesidad no satisfecha detrás del comportamiento de la otra persona. La tranquilidad te permitirá responder de tal manera ante el comportamiento de la otra persona que en la interacción que esta tenga contigo aprenderá a generar comportamientos adecuados o recursos para expresar sus necesidades de forma asertiva y apropiada. ¡Tú serás su modelo! Por lo tanto,el comportamiento presente que tú exhibas se convierte en una oportunidad de aprendizaje.

Una comunicación violenta se alimenta de una respuesta igualmente violenta. En la medida que seas consistente en responder tranquilamente ante la comunicación del otro dominarás la interracción.

El objetivo de la comunicación transformadora es ayudar a la otra persona a generar consciencia de los resultados de su comportamiento y así estos le resultan útil al momento de lograr su objetivo, es decir, satisfacer sus necesidades. de no ser así la persona puede generar un comportamiento más adecuado para obtener los resultados deseados.

Desde la comunicación transformadora el castigo no tiene espacio ya que la modificación de conducta tiene como motivación la detección y satisfacción de las necesidades. Quiero enfatizar que lo que te impide que puedas comunicarte poderosamente y en transformación con el otro es que te enfocas y respondes a la conducta de la otra persona. Por lo cual, no te das cuenta y mucho menos detectas la esencia de lo que te está comunicando su necesidad.

Cuando la conducta es indecuada esto no significa que la necesidad no satisfecha sea inadecuada, más bien lo que significa es que la persona no ha aprendido a comunicar efectivamente sus necesidades y la mejor opción que tiene a su disposición en ese momento es la conducta que exhibe. Puedes responder reaccionando ante la conducta de esa persona "enganchándote" emocionalmente, molestándote y montándote en la dinámica de acusación y control. ¿Qué se gana? ¡Absolutamente nada!

> El comportamiento de la persona nos da una información valiosa si la observamos desde una dimensión transformadora.

La comunicación transformadora transciende la conducta de la otra persona por entender que es un modo de expresar externamente la realidad interna. Y que el comportamiento es aprendido y, por lo tanto, este puede cambiar. La información más importante de una persona indudablemente se obtiene de su comportamiento. Sin embargo, la persona es más que su comportamiento, por lo tanto, es necesario ver, escuchar y sentir más allá para descubrir las motivaciones que mueven a la persona extraordinaria que hay detrás de ese comportamiento. Siempre estamos comunicando y todo comportamiento está dotado de significado.

En la medida que logras conectar con el modelo de mundo del otro y lo haces a tal grado que puedes comprender el mensaje detrás de la conducta manifestada a través de los gestos, tono de voz, movimiento corporal, actitudes y palabras, comenzarás a generar espacios poderosos de comunicación en un contexto transformador. Detente a considerar la manera en que te comunicas, ¿qué dices? ¿cómo lo dices? Si la forma en que te comunicas con tu familia tiene el efecto de generar cercanía y transformación o si, por el contrario, es una comunicación hóstil que provoca resentimiento, alejamiento y control.

El siguiente ejercicio es para generar consciencia de tu forma de comunicar.

Te ayudará a identificar por los menos cuatro eventos en tu familia donde habitualmente te molestas y respondes hostílmente. Esta forma de responder es una reacción que busca tener el control, ya sea sobre la persona o sobre la situación. El ejercicio lo que busca es que identifiques eventos en tu dinámica familiar donde respondes de alguna manera con coraje, malestar o con una sensación de incomodidad.

Este ejercicio es poderoso y sumamente profundo, al realizarlo ponle todo tu empeño, toma el tiempo que sea necesario y revísalo. Con el ejercicio generarás una nueva consciencia sobre tu proceso comunicativo y a su vez te ayudará a identificar otras opciones para darte a entender. Te servirá de espejo para que puedas conocerte mejor y a tener una nueva concienciación de tu estilo de comunicarte. Sobre todo te ayudará a reconocer que en todo momento estás haciendo lo mejor que puedes con las herramientas que tienes a tu disposición y al reconocer esto comprenderás que no es necesario que te juzgues ni te condenes a una cadena perpetua de culpa.

Cuando aprendes a validarte comienzas a vivir la vida desde la autenticidad, te conectas con tus deseos, tus aspiraciones y tus sueños. Eres tú y lo expresas en libertad, celebras la vida, te mueves en seguridad y aceptación, comprendes que nadie cambia a nadie y que tú eres enteramente responsable de tu bienestar. Por lo tanto, no tienes que culpar al otro, eres el protagonista de tu vida, de tu única vida, eres feliz por elección. Vives en equilibrio y tu familia disfruta de ti; si tú estas bien tu familia estará bien. Todo comienza contigo, eres lo suficientemente creativo para generar espacios sagrados donde tu familia es el receptor y beneficiario de tu energía transformadora.

Los pensamientos pueden ser tóxicos o nutritivos. Tu le agregas los ingredientes que determinan los efectos que tendrán en ti y en tu familia. Cuando las reacciones son automáticas y producen insatisfacción en tus relaciones, esto es señal de que por repetición has generado una tendencia fuerte, es decir, un hábito que produce resultados indeseados. En la medida que deliberadamente respondas y te hagas consciente de las imágenes mentales y sensaciones que producen tus pensamientos puedes sustituirlos por nuevas interpretaciones, de modo, que tu emocionalmente puedas generar equilibrio y bienestar.

Trabaja este ejercicio con el corazón y verás que los resultados producirán abundancia en tu vida y en tu familia. Celebra este nuevo "date cuenta" y muévete a hacer algo diferente, permite que la transformación comience contigo.

Ejercicio: Transforma la comunicación.

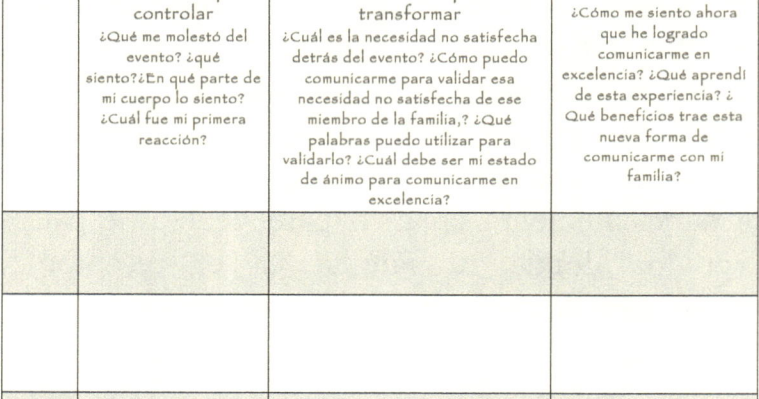

Evento	Comunicación para controlar	Comunicación para transformar	Resultados
	¿Qué me molestó del evento? ¿qué siento?¿En qué parte de mi cuerpo lo siento? ¿Cuál fue mi primera reacción?	¿Cuál es la necesidad no satisfecha detrás del evento? ¿Cómo puedo comunicarme para validar esa necesidad no satisfecha de ese miembro de la familia,? ¿Qué palabras puedo utilizar para validarlo? ¿Cuál debe ser mi estado de ánimo para comunicarme en excelencia?	¿Cómo me siento ahora que he logrado comunicarme en excelencia? ¿Qué aprendí de esta experiencia? ¿Qué beneficios trae esta nueva forma de comunicarme con mi familia?

Capítulo 7
LA REALIDAD ES LA PERCEPCIÓN

¿Qué es la realidad? Cuando un mago realiza un truco, parece real, no obstante, tú sabes que es una ilusión óptica y das por sentado que lo que tus sentidos te comunicaron en ese momento no fue cierto. Solamente los niños piensan realmente que lo que sucedió fue magia. Los adultos aunque no sabemos explicar cómo lo hizo, estamos completamente seguros de que no es real, nuestra madurez, experiencia y creencias de adulto nos indican que no existen personas con poderes mágicos y tiene que haber una explicación lógica . Y que tal si aplicaras esta misma argumentación a todo lo que tú das como cierto en tu vida, en tus relaciones, con tu familia , en tu entorno, de modo, que pudiese concluir que la realidad o la verdad que tú le atribuyes a algo no es otra cosa que la percepción que tú tienes sobre eso.

Detrás de las percepciones siempre hay más información que aquella que tú identificas, es decir, el libro no es la información ni el menú es la cena y mucho menos el mapa no es el territorio. La realidad objetiva es mucho más de lo que tú puedes, en un momento dado, percibir a través de tus sentidos.

Siendo la realidad externa mucho más rica de lo que tú percibes; es necesario ampliar tus canales perceptivos (visual, auditivo y kinestésico) para aclarar aun más lo que, en efecto, se te presenta. Es decir, observar más allá de lo obvio, escuchar más allá de las palabras y sentir la presencia del otro más allá de tus sensaciones. Ciertamente, las percepciones pueden estar equivocadas y de hecho lo están al considerar que nadie tiene la verdad absoluta, por lo tanto, existe un margen de error. Podemos concluir que nuestras apreciación sobre un evento posee algo de la verdad de acuerdo con nuestro sistema de referencia interno, que como hemos indicado son nuestras experiencias, aprendizaje y creencias.

El sistema de referencia interno actúa como unos filtros; los eventos al pasar por ellos son reinterpretados y se les da un significado de acuerdo con tu marco de referencia. Estos filtros perceptuales son tus creencias, tu educación, tu cultura, tu religión, tus valores, tus experiencias y fueron desarrollándose a lo largo de tu historia personal. Estos tienen la función de realizar los procesos de generalizar, omitir o distorsionar información. Es por eso que realmente tú eliges ver , escuchar y sentir lo que se te presenta según los diversos filtros que posees. La inmensa mayoría de los problemas que viven las familias tienen que ver, no tanto con los eventos que surgen, sino más bien con las percepciones de esos eventos; es decir, con lo que cada cual da por cierto y cree que es la verdad de acuerdo con su percepción. Esto se agrava cuando pretendemos imponer esta verdad subjetiva (tu percepción) a los demás miembros de la familia, pensando que los demás perciben las cosas de la misma manera.

Tu marco de referencia es tu verdad, la otra persona tiene un marco de referencia propio que se convierte en su verdad. Cuando pretendes imponer tu verdad sobre la verdad del otro, se genera resistencia que terminará afectando la comunicación. Lamentablemente, en esta lucha, si insistes en tener la razón, sacrificarás lo que verdaderamente importa, que es la relación con esa persona significativa en tu vida. Desde esta perspectiva existen tres verdades, tu verdad(tu percepción), la verdad del otro(percepción de la otra persona) y la verdad objetiva(el evento en sí). Cuando ves , escuchas y sientes más allá de tu realidad personal para conectar con lo que el otro ve, escucha y siente, realmente lo que estás haciendo es conectando con la verdad del otro y ampliando tu modelo de mundo y tu interpretación del evento.

El costo de insistir en tener la razón (en que tu verdad es la única verdad) puede ser muy alto; si se pierden el uno al otro y se distancian, generan experiencias negativas en la familia que siguen lastimando la relación. Tener la razón no funciona si en el proceso pierdes cercanía con la persona que amas. Una relación significativa y sólida ilumina tu proceso de razonamiento y desde ese nuevo entendimiento puedes comenzar a darle sentido a las razones, verdades o motivaciones que mueven al otro. La relación se fortalece porque puedes fluir desde la perspectiva del otro, desde su verdad y al amparo del amor, iluminarla.

> ¿De qué te sirve tener la razón si en el proceso pierdes la relación?

Es importante diferenciar lo que es compartir tus percepciones de lo que es imponerlas. ¿Cómo respondes tú cuando sientes que te imponen algo? o cuando te dicen que estas mal o equivocado y tú sientes que estas en lo correcto. Definitivamente, esta situación te pone en una posición incómoda. La relación se alimenta cuando validas las percepciones del otro. Validar no implica estar de acuerdo con lo que hace o piensa la otra persona, es reconocer que lo que el otro percibe es tan valioso para él como tus percepciones lo son para ti. Según Albert Einstein "No se puede resolver un problema con la misma mentalidad que lo creó", de modo que, al validar al otro le estás enseñando con tu ejemplo como él puede a su vez validarte. Generas una nueva experiencia en la relación que los enriquece mutuamente y a la vez tiene el resultado de ir ampliando el modelo del mundo de ambos. Esto es más que empatía, es armonía, afinidad, es conectar poderosamente con el otro en un nuevo nivel de cercanía.

Al comunicar tus percepciones con el otro no basta saber lo que quieres comunicar, también es necesario determinar cómo comunicarlo. El significado de la comunicación es la respuesta que se obtiene del otro independientemente de la intención que tenga el comunicador. Por lo tanto, es importantísimo que establezcas de antemano cuál es el objetivo que persigues con la otra persona (reflexión, cercanía, tomar una decisión, lograr empatía) y así determinar la mejor manera de comunicarlo. Digamos que quieres que la otra persona considere tus argumentos antes de tomar una decisión, en cambio la persona responde con coraje, tu intención era que la persona considerara tus argumentos, sin embargo, lo que comunicaste fue entendido por el otro como una ofensa o crítica y este al darle ese significado te lo deja saber respondiendo con molestia. Tú puedes ahora responder de igual forma y entrar en conflicto con él. El resultado final será una comunicación pobre donde hay culpables y víctimas.

El objetivo primordial de la comunicación es darte a entender, sin embargo, al no lograr esto, puedes terminar enfrascándote en una amarga discusión con el otro; donde se acusan mutuamente y se lastiman. Ante experiencias de esta índole no es extraño concluir que con la otra persona no se puede hablar, que es un irrespetuoso, malhumorado, malcriado o el epíteto que tú usualmente utilizas para describir a la otra persona. Terminas sintiéndote mal, insatisfecho y, en ocasiones, arrepentido de las cosas que dijiste y que lastimaron a la otra persona.

> No contestes a una palabra airada replicando con otra de igual tenor. Es la segunda, la tuya, la que seguramente los llevará a la riña.
> "Confucio"

A pesar de que la intención inicial con tu comunicación fue positiva los resultados fueron desastrosos. ¿Qué puedes hacer distinto para romper este patrón? En vez de victimizarte y tomártelo de modo personal puedes asumir entera responsabilidad de tu estilo de comunicar y reconocer que la manera en que te comunicaste no obtuvo el resultado deseado. Por lo tanto, es beneficioso para todos que te comuniques de otra manera y continúes intentando comunicarte de forma diferente hasta dar con el resultado que tú deseas. Se requiere flexibilidad de comportamiento de tu parte para hacer cosas diferentes, persistencia, optimismo y buen ánimo. ¡No te engañes, lograr esto es toda una conquista! Se requiere que inviertas esfuerzo, este es el costo. La ganancia será toda una vida de satisfacción y cercanía con esa persona que amas.

CAPÍTULO 8
COMUNÍCATE
PARA DARTE A ENTENDER.

Indiqué en el capítulo anterior que las personas dan sentido a lo comunicado desde su marco de referencia. Ahora bien, imagina que te comunicas con tu familia a un nivel tan poderoso que ellos responden plácidamente a tus peticiones. Cuando te das a entender aflora la buena intención detrás de lo comunicado y se neutraliza la resistencia provocada por los malos entendidos. Este tipo de comunicación tiene el efecto de fortalecer la unidad y el gozo familiar. Cada miembro de tu familia accederá positivamente a lo comunicado cuando lo que se les presenta se ve bien, se oye bien y se siente bien. Es importante hacer un esfuerzo consciente para escoger las palabras al momento de comunicar tu mensaje de modo que tenga sentido para la otra persona y pueda responder favorablemente. La mayoría de las personas tienen una preferencia sensorial inconsciente para representar su mundo y, tienden a ser visuales, auditivos o kinestésicos.

Los visuales quieren ver y para estos es importante verse bien y visualizar la información. Memorizan y aprenden mirando retratos o visualizando y no se distraen con ruidos fácilmente. Se les hace aburrido escuchar instrucciones largas. Les dan importancia a cómo se ven y el vocablo que utilizan es:

- ➤ ver
- ➤ mirar
- ➤ aparentar
- ➤ visualizar
- ➤ enseñar
- ➤ revelar
- ➤ iluminar
- ➤ brillar
- ➤ aclarar
- ➤ borroso
- ➤ enfocar
- ➤ nebulosos
- ➤ mostrar

Es importante escuchar la manera en que ellos describen sus experiencias para determinar si en ese momento están siendo visuales. Una vez determines que son visuales, comunícales el mensaje desde una perpectiva visual. Por ejemplo: "Puedes ver lo que te estoy explicando", "Imagínate cómo me siento, ¿lo ves?", "Recuerdas aquel día cuando tú hiciste... quiero que observes cómo te comportaste". Esta forma de comunicarse con los visuales, les ayudará a entender mejor lo que tú quieres comunicarle. Otra forma efectiva de comunicarte con ellos puede ser a través de la escritura, dibujos o mensajes de texto.

Los auditivos quieren oír y el qué dirán es importante para ellos. Los testimonios funcionan bien. Se distraen fácilmente con los ruidos por lo que es importante que escojas un lugar donde los sonidos externos puedan ser controlados . Pueden repetir las cosas que se les dice con facilidad, por lo tanto, puedes preguntarle para obtener retroalimentación. Aprenden escuchando, le gusta la música y hablar por teléfono. El tono de voz y las palabras son importantes. Puedes identificar si un miembro de tu familia es auditivo si al hablar utilizan las siguientes palabras o frases:

- se oye bien
- escúchame
- no me suena
- es música para mis oidos
- soy todo oídos
- me suena bien
- dime
- dile
- comunícate
- habla

El auditivo tiende a hacer referencia en su lenguaje a su sistema sensorial que denota la preferencia auditiva. Con los auditivos puedes estructurar tu lenguaje de las siguientes maneras:

- quiero que me escuches con tu corazón

> ➤ dime lo que piensas, que te estoy escuchando
> ➤ eso se oye bien
> ➤ la manera en que me hablas, suena fuerte

Al comunicarte con los auditivos cuida tu tono de voz y procura que sea cónsono con lo que quieres comunicar. Hazle cuentos, comparte anécdotas, utiliza tu ritmo de voz, volumen y diversos tonos en tu voz con maestría para reforzar tu mensaje. Marca palabras claves para acentuar lo comunicado, esto se hace identificando la palabra que quieres enfatizar y pronunciándola más lenta, más grave o con más énfasis.

Kinestésico se refiere a lo táctil, gustativo, olfativo y emocional. Ellos necesitan sentirse bien y seguros. Hablan lentamente y con respiración profunda. Responden al reconocimiento físico. Memorizan haciendo cosas sistemáticamente. Se interesan en las cosas que se sienten bien. Su vocablo es:

> ➤ sentir,
> ➤ tocar,
> ➤ agarrar,
> ➤ resbaloso,
> ➤ captar,
> ➤ hacer contacto,
> ➤ sin sentido,
> ➤ amortiguar,
> ➤ impresión,
> ➤ sufrir,

➢ me asusta,
➢ se siente bien,
➢ me gusta,
➢ estoy cómodo

Puedes estructurar tu lenguaje de la siguiente manera:

➢ me siento triste por tal razón
➢ es que me da temor cuando tú...
➢ si supieras lo que siento cuando...
➢ esto no tiene sentido, no hay por donde cogerlo.

Al comunicarte con los Kinestésicos es importante que generes un contexto de comodidad, recuerda que ellos quieren sentirse bien, dales un abrazo, tócalos en el hombro y dales la mano. Establece un orden, evita la aparencia de caos. Marca las palabras claves insertando emoción positiva en ellas.

Es sumamente efectivo, en la comunicación, identificar el sistema sensorial preferencial de los miembros de tu familia para precisamente hablarles en esos términos, eso te ayudará a estructurar tu lenguaje de manera que al hablar con ellos les tenga sentido lo que dices y te des a entender con más facilidad. La buena comunicación es insustituible, es el puente para acercarte a los miembros de tu familia, la comunicación adecuada construye, fortalece, se convierte en bendición. En cambio, la comunicación indecuada puede ser un instrumento para crear enojo y distanciamiento, una palabra puede herir profundamente, una vez lanzada puede ser un arma mortal, así que, las palabras pueden construir o destruir. Siempre estás comunicándote, piensa por un momento cuál ha sido el resultado de tu comunicación.

Cada vez que experimentes malestar en la relación familiar o conflictos en la comunicación es señal de que tu modelo del mundo y el modelo del mundo del otro están en resistencia, es decir, que ven, oyen y sienten el evento en discusión de manera diferente y están encontrados en ese aspecto. El siguiente ejercicio te puede ayudar a aclarar las percepciones del otro y derrumbar la resistencia para darle paso a la relación. Tomar el tiempo de pasar por este ejercicio generará una oportunidad de encuentro. Estas preguntas tienen el efecto de ayudarte a comunicarte mejor y a comprender el comportamiento del otro.

Ejercicio: Me preparo para la comunicación poderosa

¿Qué veo, escucho y siento con respecto al comportamiento de...?

_____

_____

_____
_____

¿Qué tiene que dar por cierto esta persona para que él o ella se comporte de esa manera?

_____
_____
_____
_____

¿Cuáles son mis temores, dudas o inquietudes con relación a lo que hace él o ella?...

_____
_____
_____
_____

¿Qué necesito preguntarle para comprender mejor la situación?

_____
_____
_____
_____

¿Cómo puedo expresar lo que siento sin que parezca que estoy acusando o juzgando?

_____
_____
_____
_____

¿Qué quiero lograr con esta conversación?

_____

_____

_____

_____

¿Cómo sabré que lo he logrado?

_____

_____

_____

_____

Una vez contestadas estas preguntas estás listo/a para comunicarte. Escucha con cuidado para determinar si la persona se está comunicando de modo visual, auditivo o kinestésico. Identifica el momento adecuado y asegúrate que estás en tranquilidad, si tienes coraje o la otra persona tiene coraje, todavía no es el momento, es mejor esperar, la resistencia genera resistencia. Ten paciencia porque el momento oportuno es tan importante como el contenido de lo que vas a comunicar.

CAPÍTULO 9
GENERO GOZO Y REGOCIJO
EN LA FAMILIA

La vida transcurre en el presente, por eso es preciso saber pasar la página, dejar ir y perdonar. El presente no es otra cosa que una oportunidad para comenzar de nuevo. La vida es puro presente, es el aquí y el ahora. El pasado se nos fue, por lo tanto, agua pasada no mueve molino (refrán que significa que no sirve de nada mirar hacia el pasado, que lo hecho, hecho está). El futuro sólo existe en tu mente, permite que llegue y al llegar se tornará en tu presente y en ese momento harás lo que tengas que hacer.

En la dinámica familiar es importante rescatar el presente, es decir, vivir desde el momento actual, porque en él se da la oportunidad de crear nuevas experiencias de gratificación. Muchas veces acontecen eventos en la vida familiar que son dolorosos, que están grabados en nuestra memoria y anclados al sufrimiento. Situaciones que acontecieron entre la pareja, entre padres e hijos o entre hermanos que fueron ofensivas, humillantes o abusivas, sea cual sea la situación, te marcó y al recordarla revives la experiencia y resurge el sufrimiento o sentido de malestar. No importa cuánto tiempo ha pasado, si no sueltas el evento, si no te desprendes de él, seguirás sufriendo por aquello que aconteció hace mucho tiempo. Sufrir el pasado es indicador de que algo en tu vida se detuvo y hoy lo revives desde tu presente.

> No puedes cambiar el pasado, pero sí puedes cambiar la manera en que te sientes cuando lo recuerdas.

De que te sirve estar atado a tu pasado ¿qué pasaría en tu vida si decides soltar aquello que tú sabes que te causa sufrimiento? Qué de bueno tiene elegir sufrir por algo que ya no existe, que ya pasó, que por más que lo sufras no puedes hacer nada por cambiar el hecho de que ya ocurrió. Si te empeñas en relacionarte con el otro desde el recuerdo negativo del pasado, solo conseguirás alimentar el presente con intolerancia, frustración y desconfianza. Esto no tiene otro efecto que producir más sufrimiento en tu vida y anularte. El que sufre mucho se ama poco. Debes considerar a base del cúmulo de sufrimiento en tu vida, cuánto te estás amando. El sufrimiento no es otra cosa que la razón o razones que tú das como ciertas y validas para justificar tu pobre autoestima, tu falta de amor propio.

El sufrimiento es un proceso psicológico, una respuesta ante un evento que sigue latente en tu mente, por lo tanto, es evitable. Tú puedes elegir desde este preciso momento dejar de sufrir; si decides cambiar tu forma de pensar. *¡Piensa diferente y verás que te sentirás distinto!* Piensa en cosas agradables, sintoniza tu manera de ver, escuchar y sentir con la abundancia que tienes en tu vida y tu sistema nervioso se alineará con tus pensamientos. Enfócate en todo lo bueno y maravilloso de tu vida, en las experiencias gratificantes que has vivido con tu familia y comenzarás a descubrir cada día la cantidad de cosas espectaculares que siempre han estado presente y que habías dejado de ver.

Por el contrario, enfócate en las cosas negativas y de la misma manera identificarás muchas cosas desagradables que validarán tu percepción caótica del mundo. Nada es totalmente bueno o totalmente malo, eres tú el que le otorgas ese calificativo. Tú estás a cargo de tu mente, es decir, tú eliges en que enfocarte, por lo tanto, tu bienestar es una decisión que se renueva día a día. Cuando te enfocas en algo te desenfocas de otras cosas. ¿En qué eliges enfocarte? Cuando piensas en tu pasado, ¿en qué te enfocas la mayor parte del tiempo? ¿En los acontecimientos negativos o los acontecimientos positivos? Cuenta tus bendiciones y verás que en tu vida hay mucha abundancia. Elige enfocarte en las cosas buenas y dejarás de ver las cosas negativas.

Ejercicio: Contando mis bendiciones.

Por cada año de vida escribe una bendición.

1.	2.	3.	4.	5.	6.	7.	8.
9.	10.	11.	12.	13.	14.	15.	16.
17.	18.	19.	20.	21.	22.	23.	24.
25.	26.	27.	28.	29.	30.	31.	32.
33.	34.	35.	36.	37.	38.	39.	40.
41.	42.	43.	44.	45.	46.	47.	48.
49.	50.	51.	52.	53.	54.	55.	56.
57.	58.	59.	60.	61.	62.	63.	64.

Existen momentos agradables y desagradables en tu vida. Cuando recuerdas las experiencias agradables que has tenido te sientes bien y estas se convierten en memorias saludables que atesoras en el presente, sin embargo, cuando recuerdas experiencias negativas resurge el sufrimiento y quizás, puedas decir "es que no puedo olvidar". Obviamente estás en lo cierto, no se trata de olvidar, se trata de recordar y aprender de esa experiencia. ¿Qué puedes aprender de las experiencias dolorosas de tu pasado? Primeramente, aprende que ya pasaron, que solo existen en tu memoria, del mismo modo, al recordarlas se pueden convertir en un recurso valioso en tu vida, en la medida en que comienzas a plantearte el evento de una forma distinta. Esta forma de enfocarte te ayudará a descubrir las bendiciones ocultas, es decir, las que no son inmediatamente aparentes en la situación. Puedes decidir que ya el evento te ha causado suficiente sufrimiento y que ha llegado la hora de sacarle provecho. Puedes dejar atrás el resentimiento y procurar aprender.

> Tú eres lo que piensas.
> "Buda"

Segundo, si al recordar el evento percibes que comienzas a sufrir nuevamente ya sea sintiendo incomodidad o hasta una sensación de angustia; significa que el recuerdo de ese evento en tu pasado sigue teniendo existencia en el presente y ¡no has sanado! Por lo tanto, el aprendizaje poderoso que encierra dicho evento en tu vida no se ha manifestado todavía. Necesitas sanar y para sanar debes asumir un papel proactivo. Esto implica afrontar tu vulnerabilidad y participar activamente en tu proceso de sanación. Haz lo que sea necesario, si tienes que hablar con alguien, hazlo; si tienes que deshacerte de algún objeto que te trae recuerdos o romper con algo que sabes que es dañino en tu vida, no lo postergues más, actúa. La sanación fluye de adentro hacia fuera.

Tercero, toda experiencia es una oportunidad para crecer si es que eliges aprender de ella, de igual forma pueden ser destructivas si permaneces en el sufrimiento. Tú estás a cargo de tu mente, por lo tanto, eres totalmente responsable de tus resultados.

¿Qué resultados quieres en tu vida? ¿Cómo quieres vivir esta, la única vida que tienes? Depende de ti, la decisión es tuya. Te corresponde asumir la entera responsabilidad de tu vida y vivirla plenamente. ¡Tu familia te lo agradecerá!

Puedes elegir mantenerte atado al sufrimiento y asumir el costo que esto implica, tanto para tu vida como para tu relación familiar. Puedes cerrar ese capítulo en tu vida y generar una nueva forma de ver el pasado, profundizarlo de modo que puedas aprender de esa experiencia y tomar decisiones que abran paso a lo próximo. ¡Decisiones para ganar!

> Lo importante realmente no es lo que te sucede sino lo que tú decides hacer con lo que te sucede.

Cuántas personas conoces o has escuchado que convirtieron un acontecimiento negativo en algo espectacular, lo significativo no fue el evento fue la decisión detrás del evento. Tú siempre puedes elegir hacia el bienestar, tú puedes hacer que las cosas sucedan para tu bien. Puedes optar por moverte en empoderamiento y crear abundancia en tu vida, al igual que puedes elegir moverte en escasez y culpar a los demás por todos los problemas que enfrentas. Puedes ser el protagonista de tu vida o la víctima de ella. Depende de ti.

El siguiente ejercicio te ayudará a extraer la riqueza de ese evento pasado y sanar. Lo puedes realizar con todo los eventos pasados que sean necesarios, lo importante es que lo trabajes uno a la vez, de modo, que te permitas el espacio para profundizar, reflexionar y aprender. Hazlo con calma, toma el tiempo necesario, hazte plenamente consciente de las sensaciones que vas experimentado en la medida que completas el ejercicio, es tu cuerpo el que te habla, aprende a escucharlo, tu cuerpo es sabio, esta escucha es parte de tu proceso de sanación, recíbelo y valídalo.

Ejercicio: Liberación y sanación.

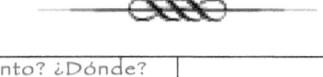

¿Cuál fue el evento? ¿Dónde? ¿Cuándo? ¿Con quién?	
¿Cómo me sentí? ¿En qué parte de mi cuerpo se manifestó?	
¿Cómo me siento ahora, al recordar dicho evento? ¿En qué parte de mi cuerpo lo siento?	
¿Qué quiero hacer con esto que siento? (Continuar sufriendo, sanarlo, soltarlo, aprender)	
¿Cuándo quiero lograr esto? ¿Dé cuánto tiempo dispongo? ¿Dónde quiero lograr esto? ¿Con quién quiero lograr esto?	
¿Cómo se requiere que yo sea para lograr esto?	
¿Qué he aprendido de esta experiencia ahora que la abordo de esta manera?	

Vivir la vida en el presente equivale a vivirla con intensidad, con un sentido de urgencia, esto requiere separar la paja del grano, es decir, diferenciar lo que realmente es importante de las cosas que son triviales. El tiempo transcurre rápidamente, la vida es corta, añádele valor prestándole atención a lo que es verdaderamente importante. Muchas veces vives en descuido de ti mismo y, por ende, dejas de atender tus propias necesidades. Esta manera de vivir, desconectado de ti mismo provoca que sientas que tu vida es como un espiral, al servicio de todo los demás y cada vez menos de ti mismo.

Piensa por un momento, si tu dinámica de vida es parecida a esto: todos necesitan algo de ti, tu pareja exige de tu tiempo, los hijos exigen de tu atención, las obligaciones en el trabajo y en el hogar te consumen. El cansancio y la insatisfacción te sobrecogen y te dan deseos de salir corriendo. Te tornas irritable, te deprimes, la familia y el hogar en vez de ser un lugar de remanso y paz, más bien, se convierte en un estresor. Las relaciones se afectan y en lugar de celebrar la vida junto con tus seres queridos, te sientes que estás invadiendo el espacio vital del otro donde cualquier comentario o gesto que tú hagas en reclamación de lo que estas sintiendo se interpreta como una provocación y nuevamente esto produce reclamos y más malestar. Si lo descrito tiene algún parecido a tu dinámica familiar, quiero que sepas que esto puede cambiar y que en tus manos está que estos cambios se generen.

Muchas veces puedes sentirte atrapado en una dinámica familiar disfuncional, es decir, que la forma en que la familia se relaciona no funciona, no te hace bien a ti ni a los demás miembros de la familia. Cuando te sientes de esa manera la infelicidad es insoportable, te sientes que algo falta, estás en desequilibrio, buscas cómo escaparte. Te conviertes en un rehén que continuamente está buscando maneras de liberarse de su captores y tan pronto entiende que hay una manera viable aunque peligrosa, te arriesgas y la tomas. Se torna imperante restaurar un estado de bienestar antes de que sea muy tarde y tomes decisiones erráticas que te hagan más daño a ti y a tu familia. Por otro lado, si no actúas y sigues postergando, pagarás un precio muy alto en el que los años te irán consumiendo y te perderás el gozo de la vida. Terminarás acostumbrándote a la insatisfacción y terminarás resignándote a la desdicha.

Si tú estás bien, tu familia estará bien, por eso es importante que pienses en ti y procures tu bienestar. Todo comienza contigo, tú no puedes dar lo que no tienes. Si quieres que tu familia tenga alegría tú debes estar alegre. Si quieres que tus familiares se disfruten mutuamente, tú debes aprender a disfrutarte a ti mismo. Si quieres darle a tu familia cariño y comprensión debes comenzar con darte a ti mismo cariño y comprensión. Pensar en ti no es un acto de egoísmo, todo lo contrario es un acto de amor y para amar al otro debes comenzar por amarte a ti mismo. ¿Y cómo sabrás que te amas? Sabrás que te amas cuando te prestas atención, te atiendes, te validas y asumes total responsabilidad de ti y de tu bienestar.

Cuando te sientes bien, alegre y satisfecho la vida te sonríe y tu familia sentirá los efectos de tu bienestar. ¿Qué es lo verdaderamente importante en tu familia? Todo lo que de alguna manera, fortalece la relación, la comunicación, genera cercanía, fomenta la comprensión y la confianza. Esto es lo que debe ocupar los primeros lugares en la escala de las cosas importantes en tu familia, por lo tanto, debes tomar consciencia en términos de cuán proactivo estás siendo para crear nuevas posibilidades de encuentro. Comenzando con generar gozo y satisfacción contigo mismo. Como discutí en el segundo capítulo, para que las cosas cambien tú debes cambiar primero. ¿Qué te detiene?

> No hagas a otros aquello que no te gustaría que te hicieran a ti, ni te hagas a ti lo que no le harías a los demás.
> Confucio

CAPÍTULO 10
NADA SUCEDE
HASTA QUE ALGO SE MUEVE.

En tu vida y en tu familia definitivamente hay cosas importantes y hay cosas urgentes. Es necesario saber establecer la diferencia entre una y otra para poder separar lo importante de lo urgente y así darle paso a lo que es urgente. Algo que es urgente se le reconoce o se le atribuye una importancia tal que resulta impostergable no prestarle atención, hay que actuar sobre ello y el no atenderlo o rezagarlo para otro momento equivale a descuidar o dejar a la suerte el resultado. Es como cuando uno hace un viaje en avión, es rutinario que antes de despegar la asistente de vuelo explique el uso del salvavidas, cómo accederlo y las salidas asignadas en caso de emergencia. En ese momento si observas a los pasajeros en el avión, posiblemente verás que muy pocos le prestan la atención que requiere información tan valiosa.

Usualmente, los pasajeros están enfocados en otras cosas por considerar que aunque es importante la información realmente no es urgente. ¿Y por qué no es urgente? Porque es algo que ya han visto y escuchado anteriormente; por lo tanto, es más de lo mismo y lo que se repite, termina siendo un hábito o una costumbre. Racionalizas que como nunca ha pasado nada realmente preocupante, todo va a estar bien como de costumbre, eso de un accidente aéreo es algo que le sucede a otras personas, no a ti.

Ahora imagínate que ocurre una situación donde sea urgente utilizar el salvavidas e identificar las salidas de emergencia. De pronto el piloto informa a los pasajeros que tiene que hacer un aterrizaje forzoso y que es necesario localizar el salvavidas y prepararse para salir por una salida de emergencia. Ya no hay tiempo para que la asistente de vuelo repita las instrucciones, seguramente las personas, a pesar de haber escuchado y visto la demostración en innumerables ocasiones, no le dieron la debida importancia, no le prestaron la debida atención y mucho menos la seriedad necesaria en el momento que se requería, porque no era urgente y ahora de pronto lo es, se hizo realidad lo impensable. ¡Te tocó a ti! No sabes qué hacer y te reprochas por no haberle dado la debida atención en el momento en que se le tenía que dar. Si solo pudieras retroceder el tiempo, volver al momento preciso donde se dijo la información que ahora salvaría tu vida, cuán distinto sería tu foco de atención. Probablemente, le prestarías atención a todos los detalles. Lamentablemente, no es hasta ahora que entiendes que esa información era la que ahora hace la diferencia a tal grado que tu vida depende de eso.

> Si quieres cambiar al mundo, cámbiate a ti mismo.
> "Gandi"

Tu familia y tu vida son sumamente importantes. Sería interesante explorar si existen situaciones que necesitan atención, es decir, comportamientos, actitudes, información no aclarada, heridas abiertas y resentimientos. Algunas de estas cosas pueden convertirse en un problema serio si no se atienden. Quizás descubras que es necesario trabajar con algún asunto, sin embargo, por alguna razón, lo postergas, no le prestas la debida atención en el momento propicio y relegas a un lado lo que es imperativo atender. Esto sucede con demasiada frecuencia precisamente porque puedes desenfocarte e invertir mucha energía y tiempo en cosas triviales, en asuntos superficiales, tales como culpar a otros por los problemas, quejarte de las cosas que no te gustan, responsabilizar a los demás por las situaciones desagradables, culpar a los demás por la forma en que te sientes y por lo mal que están las cosas.

Esta forma de proceder se torna habitual y los asuntos serios que ameritan tu atención no se atienden. Mientras sigas culpando a los demás y solo te enfoques en lo que el otro hace, generarás más molestia y alejamiento. Seguir prestando atención al asunto desde una perspectiva donde el otro es el que causa todos los problemas, no asumirás tu responsabilidad y nada cambiará, seguirás teniendo los mismos resultados. Las relaciones familiares, en ocasiones, pueden tornarse complejas y desafiantes, sin embargo, no podemos perder de perspectiva que estas situaciones pueden convertirse en oportunidades para crecer en el amor. Solo se requiere reenfocarte conscientemente en lo que es verdaderamente importante y así identificar y separar lo que es significativo de las pequeñeces.

El comportamiento, por ser observable, es la mejor información que podemos obtener de una persona. Es la manifestación externa de un proceso interno, sin embargo, la persona es más que su comportamiento. El comportamiento solamente te dice algo de ese proceso interno por eso es necesario auscultar y profundizar en la realidad interna de la otra persona para completar la información que a través de su comportamiento te está comunicando. El comportamiento presente responde a unas creencias, unas percepciones, unas experiencias y estas se manifiestan en un tiempo y en un espacio físico. Enfocar correctamente implica ver más allá del comportamiento y preguntarse qué tiene que ser cierto para esta persona para que se comporte de la manera en que lo hace. Esto es poderoso porque en vez de reaccionar ante el comportamiento, se busca comprenderlo y atender la situación desde la fuente misma: el pensamiento.

Un comportamiento que estimas inadecuado o que atenta contra el bienestar o la estabilidad en la dinámica familiar no es otra cosa que un indicador de que algo anda mal o que hubo una desconexión familiar que requiere atender la situación antes de que continúe agravándose. Es necesario conectar nuevamente con esa persona para establecer el equilibrio. La situación se agrava cuando estás tan desenfocado que terminas por reinterpretar el evento a tal grado que el significado que le das al mismo nada tiene que ver con lo ocurrido y surgen las acusaciones y el conflicto aflora nuevamente. Cuando esta dinámica familiar se repite a tal grado que ya no se puede dialogar, se comienza a evadir la situación. Esto es un mecanismo o estrategia de negación cuyo objetivo es buscar sentirse cómodo y no tener que atender una situación potencialmente conflictiva.

> No hay problemas, sólo situaciones que demandan una solución adecuada.

Cuando evades continuamente, corres el riesgo de que con el tiempo, puedes terminar acostumbrándote a la situación y al familiarizarte con ella; la percibes como algo normal, piensas que eso no va a trascender o agravarse más, por lo tanto, aprendes a vivir con la situación, terminas habituándote o acostumbrándote a ella y restándole importancia. Te tornas tolerante ante un comportamiento inadecuado reinterpretándolo de tal manera que terminas por entender que las cosas no son como aparentan y no se pondrán peores, decides ignorarlo o concluir que la situación no demanda dedicarle tanta energía y esfuerzo. Puedes pensar que de por sí ya la vida es complicada y lo menos que necesitas son más problemas. Este razonamiento funciona por un tiempo limitado; realmente esto es una bomba de tiempo que, en su momento estallará.

Puedes tener éxito en el logro de evitar la confrontación, sin embargo, el problema sigue latente, aunque por lo pronto sientas que estás en un espacio de aparente paz. Las situaciones familiares se resuelven atendiéndolas no evadiéndolas. A esto se refiere el título de este capítulo "nada sucede hasta que algo se mueve". Las diferencias en la familia se atienden y esto se hace efectivamente cuando se trabaja directamente con el miembro familiar con quien se tuvo la situación y en el momento más cercano posible de haber ocurrido el evento problemático. Una situación no debe atenderse muy lejana a la fecha de haber ocurrido porque pierde su pertinencia y, en ocasiones, hasta se mezclan con otros asuntos complicando aún más la comunicación.

Es incómodo afrontar situaciones desagradables. Sientes que te roba el bienestar, que te drena, a nadie le gusta sentirse así. Es una sensación de inestabilidad e incertidumbre y en ocasiones, está llena de sufrimientos, por lo tanto, inconscientemente eliges no verlo, postergarlo con la esperanza de que se disipe el problema por sí solo. Esto es una forma elocuente de evadir. Generamos pensamientos que justifican nuestro modo de proceder y actuamos sobre esos pensamientos como si fueran la realidad objetiva. Esos pensamientos sirven de base para generar otros pensamientos de tolerancia y negación. A esto le llamo la estrategia de los tres monos: no veo, no escucho y no hablo de la situación; por lo tanto, no existe.

Estas conductas y pensamientos de evasión se repiten hasta que la situación o las situaciones sean tan evidentes que resulta imposible ignorarlas. Usualmente, la situación sigue escalando de tal modo que llega a un punto crítico donde ya no se puede negar. Cuando esto sucede es que la situación ha llegado a unos niveles intolerables, difíciles de rectificar, el nivel de daño puede ser tal que se requiere de medidas extraordinarias para subsanar la situación. En ocasiones, ya es muy tarde para arreglar aquello que tantas veces negaste.

El divorcio, el uso y abuso de sustancias controladas y los adolescentes fuera de control, son solo algunos ejemplos de situaciones que afrontan muchas familias y que ahora se ha convertido en una pesadilla. Los asuntos no atendidos permanecen incubados y tarde o temprano tendrás que atenderlos, entre más procrastines, peores serán las consecuencias. Tu familia sufrirá de acuerdo con la gravedad del asunto. Muchos divorcios pudieron haberse evitado si se hubiese atendido con rapidez las señales de crisis, lo mismo es cierto con los suicidios, los problemas de comportamiento de los hijos, el uso y abuso de sustancias controladas.

Muchos padres se percatan de conductas extrañas y sospechosas en sus hijos e inicialmente se ocupan, les hacen preguntas, dialogan con ellos ,les dan un consejo y se esfuerzan por saber cuáles son sus amistades, cómo les va en la escuela, cómo se sienten, qué ha pasado. Al cabo de un tiempo, desisten porque sienten que se trastoca la vida tan ocupada que llevan, se sienten drenados y, en pocos días o semanas, se vuelven a enfocar en las demandas del día a día. Se elige ver lo que se quiere ver, convenciéndose de que el asunto está resuelto e ignoran las señales que pueden contradecir ese deseo profundo de la supuesta normalidad.

Muchos padres optan por amenazar a sus hijos con frases como: *Ya lo sabes si te cojo, Que esta sea la última vez, Vas a perder tal o cual privilegio,* inclusive hasta castigarlos y, en ocasiones, pegarles. Te pregunto ¿qué logras con esta forma de proceder? ¿Acaso obtienes alguna ganancia en términos de conocer las motivaciones y razones por las cuales tu hijo actuó de la forma en que lo hizo? ¿qué aprendiste sobre tu hijo, de sus inquietudes y de su modelo del mundo? ¿qué conociste de tu hijo que no conocías en términos de su carácter, de su proceso de toma de decisiones, de su autoestima? ¿Este evento y la forma en que se atendió generó algún tipo de aprendizaje para ambos? ¿Los unió más o los separó? ¿Se ganó confianza o se perdió? ¿Qué percepción se lleva tu hijo de ti de acuerdo con la forma en que manejaste el asunto? Cuando respondes ante la conducta del otro con molestia, la emoción termina cegando y pierdes la oportunidad de conocer la realidad interna de la otra persona.

> No tengo talentos especiales, pero sí soy profundamente curioso.
> Albert Einstein

El comportamiento nos brinda la información más importante que podemos obtener de una persona. Si observas y escuchas al otro con un sentido de curiosidad contrario a responder con molestia, comenzarás a comprender muchos elementos que propician ese comportamiento. La información que obtienes es sumamente valiosa y te ayudará a responder con una nueva consciencia. Esto te permitirá elegir el mejor comportamiento para responder hábilmente y con propósito ante el asunto en discusión. Aunque el comportamiento sea la mejor información que puedes obtener de una persona, la persona no es su comportamiento. La persona es mucho más y hacia eso se dirige tu modo de responder de manera que puedas generar aprendizaje y unidad.

Cada experiencia de vida con tus hijos y tu pareja puede servir para crecer en el amor. Cuando la relación entre padres e hijos y pareja se da desde este contexto de amor manifestado en la relación, las amenazas, los castigos y los gritos desaparecen. Verdaderamente no es necesario lastimar al otro para que la relación y la convivencia fluyan. Este nuevo contexto de relación tiene el efecto de abrir nuevas rutas de comunicación que enriquecen la posibilidad de un tipo de diálogo donde se aprende a asumir responsabilidades, por lo tanto, cada uno asume las consecuencias de los actos. Cuando tú reconoces que eres plenamente responsable de tu vida, es decir, de tus pensamientos, sentimientos y comportamientos, puedes elegir actuar sobre ellos para generar el bienestar que tanto deseas y te mereces.

Cuando te relacionas desde el amor comienzas a fijar responsabilidades en vez de culpas y cada cual asume lo que le corresponde. Si algún miembro de la familia no acepta su responsabilidad permítele cargar con las consecuencias de sus actos, solo así crecerá. Una relación de amor edifica a la persona contrario a una relación de control que crea dependencia .

El amor se evidencia en la medida en que la familia se fortalece en la relación. En una familia donde la relación entre sus miembros es cercana, de aceptación y de confianza no es necesaria la mentira y, mucho menos, el engaño. Las diferencias y las diversas posturas se exponen libremente sin temor a represalias, enojos o castigos. Tú puedes comenzar a cultivar la relación de cercanía en la medida en que propicies un espacio para exponer e intercambiar ideas, para escuchar y ser escuchado, para negociar y llegar a acuerdos donde ambos se sienten que han ganado en el proceso (ganar-ganar). Dales a tus hijos el trato que tú quieres que ellos te den a ti.

> El problema del hombre no está en la bomba atómica, sino en su corazón.
> Albert Einstein

Si tú quieres que ellos confíen en ti, esfuérzate por superar tus temores y confía en ellos. Si tú quieres que ellos te presten atención, préstales atención a ellos. Utiliza el tono de voz que quisieras que ellos utilicen contigo. Recuerda que tú eres el adulto, si no te puedes controlar, ¿cómo vas a pretender que ellos se controlen? Modela el comportamiento que tú deseas que los demás tengan contigo, no te des por vencido, persevera y verás que poco a poco comenzarás a ver resultados. Los ganadores perseveran, los perdedores se rinden.

Dar y recibir es lo mismo y como ya se ha mencionado en capítulos anteriores nadie cambia a nadie. Invierte tus energías en ti de modo que te conviertas en esa persona en la que tus hijos y tu pareja pueden confiar, con quien pueden tener un diálogo profundo y significativo, con quien pueden reír y celebrar la vida.

Completa las siguientes oraciones que describen cómo es que tú deseas que sea la relación con tus hijos o tu pareja, sé lo más específico posible y exprésalo en términos de conductas observables. Sueña, idealiza la relación, describe lo espectacular que tú quieres que sea:

(1) Al dialogar con mis hijos, deseo que ellos:

_____

_____

_____

_____

(2) Al dialogar con mi pareja, deseo que:

_____

_____

_____

_____

(3) Cuando mis hijos o mi pareja se sienten tristes me gustaría que:

_____

_____

_____

_____

(4) Cuando tengamos problemas o conflictos en la familia, me gustaría que se manejara de la siguiente manera:

_____

_____

_____

_____

(5) Quisiera que el trato entre los miembros de la familia fuera de la siguiente forma:

_____

_____

_____

_____

Una vez completadas las oraciones de esta primera parte usa esas contestaciones para insertarlas en las siguientes aseveraciones:

Al dialogar con mis hijos, soy

(1)_____

_____

_____

_____

Y por eso me siento sumamente feliz y los disfruto. Además, al dialogar con mi pareja soy

(2)_____

_____

_____

_____

Por eso nos entendemos mejor y disfrutamos de nuestra relación. Cuando me siento triste, soy con mi pareja y mis hijos de la siguiente manera:

(3)_____

_____

_____

_____

Y esto me permite liberarme de la tristeza y gozar de su apoyo y empatía.

Cuando sucede algo que no me gusta en la familia o percibo un problema, lo manejo de la siguiente manera:

(4)_____

_____

_____

_____

Y por eso somos felices y cada día estamos más unidos en el amor y eso se evidencia porque todos los días trato a mi familia de la siguiente forma:

(5)_____

_____

_____

_____

Ahora une todas las oraciones de modo que se forme una declaración y repítelo todos los días a modo de mantra. Conviértelo en tu oración familiar, apréndelo de memoria y cada vez que lo recites visualiza cada palabra de modo que se alambre en tu cerebro como si ya fuera una realidad, actúa con la convicción de que esto es posible, te lo mereces y tienes la capacidad de generarlo. Recuerda que en la medida en que das, estarás recibiendo.

A veces puedes sentirte insatisfecho con tu vida de pareja a tal punto que a pesar de estar con esa persona te sientes distanciado, sientes soledad y sabes en tu interior que algo falta. No le prestaste la debida atención en el momento indicado a esas señales de alerta y pasaron los años y sientes que la vida se te va, que la pasión se acabó, te acostumbraste a sentirte insatisfecho y no hiciste nada al respecto para enfrentar la situación o peor aún te diste por vencido y renunciaste a la posibilidad de una vida de pareja espectacular. Si a acaso ves otra pareja que disfruta su relación piensas que es una falsedad o resientes que tu vida de pareja no es así. Por las razones que tú conoces, aceptaste la relación tal cual es y decidiste que lo mejor era conformarte, como lamentablemente lo han hecho cientos de miles de parejas.

Al conformarte te allanaste a un sinnúmero de creencias que te mantienen inmovilizado tales como: *el matrimonio es así, la costumbre mata la pasión* y *yo no abandono,* entre otras cosas y justificas tu inconformidad pensando en tus hijos y en los bienes materiales que tú y tu pareja acumularon juntos. Tienes muchas razones válidas que te mantienen en la relación, sin embargo, a pesar de eso muy dentro de ti, te sientes infeliz en la relación. Lo triste es que evades tu inconformidad manteniéndote ocupado en otras cosas ya sea el trabajo, un pasatiempo o una relación extramarital. Puedes enfocarte en todo aquello que te sirva de distracción para no atender tu vacío o inconformidad; esto tiene un costo y el precio de la evasión tendrás que pagarlo en su momento.

Si esta es tu situación, te invito a que seas honesto contigo mismo. Al moverte desde la honestidad te advierto que te tornarás vulnerable, conectarás con tus emociones y ellas te dirán dónde estás. Es más cómodo mantenerte en tu zona de seguridad que arriesgarte y lanzarte a conectar nuevamente con tu pasión; pero si te atreves la recompensa puede ser vivir una vida en equilibrio y armonía. Si descubres que tu vida de pareja es menos que espectacular, sé honesto, no calles, habla con tu pareja y comunícaselo, dile cómo te sientes y pídele que sea honesto consigo mismo y contigo. Hagan algo diferente, lo importante es insertar nuevamente la chispa de la vida, la pasión y el disfrute. No te conformes con menos. Si acaso no es posible, sé valiente y acepta, moverte. Es tu única vida, nada sucede hasta que algo se mueve.

La negación es un mecanismo de evasión que se convierte en la aceptación de otras cosas. Ejemplo de esto puede ser que sospechas que tu hijo usa drogas y notas un comportamiento extraño. Al preguntarle, él se molesta y te lo niega, das por cierto lo que te dice, sin nada más porque es más fácil y cómodo no ver la situación desagradable que tener que afrontar una situación dolorosa. De igual manera, negamos nuestra intuición y nuestro sentido común pretendiendo no ver lo que es obvio. Esta negación o ceguera selectiva es una forma más de desconexión contigo mismo donde te tornas incongruente. Vivir de este modo, lo que genera en tu vida es frustración, propiciando desde la tolerancia una vida en escasez. Desde este patrón de vida te niegas la posibilidad de moverte a lo próximo, aceptas el vacío como parte inherente de tu vida y terminas justificándolo con pensamientos tales como: *esta es mi cruz, la vida es así, no se puede hacer nada,* o cualquier otro pensamiento que tiene como finalidad la aceptación.

En la vida familiar los comportamientos de evasión responden a eventos malsanos que fomentan y promueven la separación entre sus miembros tales como estar continuamente conectado a la Internet, al celular o a un televisor en cada cuarto, comer separados, estar en un mismo espacio y a su vez cada cual estar conectado a su aparato de música. Esto lamentablemente se disfraza con explicaciones superficiales como que cada cual tiene derecho a su privacidad, a su música y a sus gustos. Ciertamente, cada persona tiene y necesita un espacio para estar consigo mismo, no obstante, la familia necesita su espacio para disfrutar de sus miembros, una cosa no tiene que anular o competir con la otra.

Si sientes que los espacios familiares han dejado de existir porque los espacios individuales lo han acaparado todo, protesta, verbaliza y denuncia este tipo de dinámica. No te conformes, sé creativo, genera espacios familiares que sean atractivos y donde se pasa bien. Recuerda que el bienestar no se impone, surge, se manifiesta y es preciso provocarlo para que se dé exitosamente. Para esto es necesario planificar el espacio familiar de modo que la actividad tenga un propósito.

El empoderamiento reside en el presente, en este momento tú puedes tomar decisiones que harán la diferencia en tu vida y en tu familia. El pasado se fue, acepta que ya no puedes hacer nada para borrarlo. Lamentarte de lo que no hiciste simplemente te debilitará, de nada te sirve cargar con la culpa. En este momento sabes que hubo cosas que podías haber hecho diferentes, sin embargo, hiciste lo mejor que podías en ese momento con las herramientas que tenías a tu disposición. En el presente, aquí y ahora, te invito a que hagas la distinción entre lo que es importante y lo que es urgente en tu familia. Elige actuar en este mismo instante, supera toda inclinación de permanecer pasivo y esfuérzate en moverte afirmativamente hacia lo que deseas. No moverte es poner en peligro la misma esencia del bienestar familiar.

Lánzate, arriésgate, atrévete a enfrentar y recuerda que evitamos porque nos cuesta sentir la incomodidad, la incertidumbre y el malestar que implica atender las cosas de frente. Es natural, somos seres humanos y preferimos sentirnos cómodos y evitar el enfrentamiento, sin embargo, cuando es algo de urgencia como podría ser atender la relación de pareja, un comportamiento extraño de tu hijo/a o una condición de salud, cuyas consecuencias podrían ser sumamente dolorosas; es imperativo actuar. El primer paso es establecer la diferencia entre las cosas importantes y lo que es urgente.

El siguiente ejercicio te ayudará a diferenciar lo importante de lo urgente. Te invito a que identifiques todo lo que es importante en cada contexto y luego establezcas qué urge atender ahora. Identifica las prioridades, es decir, lo más importante de lo importante y sabrás lo que es urgente.

Contexto	Cosas importantes de este contexto	Prioridades de lo importante
Relación conmigo		
Relación con mi pareja		
Relación con mis hijos		

CAPÍTULO 11
HACER LA DIFERENCIA QUE HACE LA DIFERENCIA

Todos los miembros de la familia están interrelacionados, por lo tanto, todos los acontecimientos que en ella ocurren afectan la dinámica familiar, ya sea de forma positiva o negativa. Dicho de otra manera esto se refiere a que la manera en que tú piensas y te comunicas incide en todos los miembros de tu familia y a su vez lo que ellos piensan y comunican inciden sobre ti. Cada comportamiento y cada decisión afecta a la familia, por lo tanto, si quieres que tu familia esté bien es importante que comiences contigo. ¡Si tú estás bien, tu familia estará bien! Sin lugar a duda los demás miembros de tu familia responderán paulatinamente a los efectos de tu bienestar.

Es importante que identifiques todo lo que te ayuda a estar bien, digamos que caminar por las tardes, escuchar música relajante, ver una película o cualquier otra cosa que tú sabes que es bueno para ti y que te libera de la tensión del día. Una vez identifiques las instancias que te hacen bien puedes decidir que esos espacios no son negociables y hacer lo que sea necesario para conservarlos. ¡Basta ya de las excusas para no darle paso a tu equilibrio! Atiéndete, pues tú sabes muy bien lo que tienes que hacer. Procura identificar por lo menos siete cosas que puedes realizar uno por cada día de la semana que te ayudan a estar bien.

¿Me ayuda a estar bien? / ¿Qué días lo haré? / ¿A qué hora?

Lunes		
Martes		
Miércoles		
Jueves		
Viernes		
Sábado		
Domingo		

Estas actividades que has identificado no solo son importantes para ti, también lo es para todos los miembros de tu familia, ya que tú eres parte del sistema familiar, eres una parte esencial de la familia y estás siendo proactivo en romper con lo que drena tus energías y a su vez estás abriendo una ventana de posibilidades para ti. Incorporar estas actividades a tu vida hace una gran diferencia porque estás respondiendo de un modo distinto a las demandas del sistema familiar. Al generar una acción distinta detienes un viejo patrón conductual que no te favorecía ni a ti, ni a los demás miembros de la familia. El hecho de permitirte unos espacios de descanso emocional, de saber que estás haciendo algo que te gusta y disfrutas, te energiza. Además es un gesto de amor propio. Cuando te sientes bien, en paz, en balance, puedes expresar lo mejor de ti a los demás y neutralizas la resistencia que producen las relaciones tensas.

> El bienestar familiar comienza contigo.

Todo cambio que se produce en la familia afecta a todos sus miembros de una manera o de otra, pueden ser cambios tales como la llegada de un nuevo bebé, el cambio de horario en el trabajo, una enfermedad, divorcio o separación. Un cambio de actitudes. No importa cuán mínimo sea el cambio, sus efectos se sentirán en la familia. Si es un cambio significativo se sentirá a mayor grado y si es un cambio de menos importancia se sentirá en menor grado. De hecho, los cambios se experimentan de manera distinta en cada miembro de la familia de acuerdo con el significado que cada quien da al acontecimiento. Es importante estar atento a la forma en que cada miembro asimila y responde ante el cambio para poder apoyar, acompañar y ser empático con su modo de procesarlo.

El evento de un divorcio se siente diferente en la pareja , en los hijos y en los suegros. Porque cada cual tiene una postura perceptual distinta. Lo que puede ser motivo de tristeza para una parte a su vez puede ser motivo de alivio para otra. La llegada de un bebé puede generar alegría en los padres y celos en el hermanito. Un cambio de residencia puede ser motivo de celebración para los padres y de tristeza para los hijos por dejar atrás amistades. Lo importante es estar atento al efecto que tiene el cambio en cada miembro de la familia para que puedas ajustar tu manera de comunicarte, de modo que puedas conectar con la realidad tal y como es percibida por el otro. Este sentido de empatía genera unidad y, en su momento, gratitud. Todos deseamos ser comprendidos y validados.

La manera en que te comunicas refleja tu realidad interior. Tú ves las cosas no como son sino más bien como eres tú, por lo tanto, este es uno de los cambios más poderosos que puedes hacer para provocar nuevos espacios de bienestar en ti y en los demás. Siempre te estás comunicando aunque no siempre te das cuenta. Te comunicas con todo tu cuerpo, con los gestos corporales, el tono de voz, las miradas y, obviamente, con la palabra. El 93% de la comunicación se manifiesta vía no verbal, o sea, que te estás comunicando inconscientemente a través de todo tu cuerpo. Por otra parte, cuando eliges hablar, las palabras que utilizas solo componen el 7% de lo que estás comunicando y su función es confirmar lo ya comunicado por la vía no verbal. A modo de ejemplo, puedes detectar cuando una persona está triste porque notas la tristeza en su voz, en sus ojos y hasta en su modo de respirar. Si al preguntarle cómo se siente te dice que muy feliz sabrás que no es cierto porque su lenguaje corporal te comunicó todo lo contrario. Lo que dijo fue incongruente con lo que comunicó por la vía no verbal y esto produce en el receptor (el que escucha) una sensación de duda. En cambio, si la persona te verbaliza que en efecto se siente triste sabes que es cierto porque te lo confirmó con la palabra aunque ya la información la habías extraído de su lenguaje corporal.

Lo que tú comunicas no es otra cosa que una opinión sobre un evento, o sea, tu percepción que no es la realidad, es tu experiencia e interpretación de lo ocurrido y sobre eso tú formas una idea o una creencia. Digamos que sientes frustración, tu cuerpo y tu voz lo manifestarán en forma de gestos, miradas y tu tono de voz de alguna manera comunicará esa frustración. Si crees que los demás son unos desconsiderados contigo eso lo comunicarás de alguna manera en tu postura corporal, miradas y tono de voz. Emitirás un mensaje cargado con la emoción que la impulsa , esa descarga provocará una respuesta por parte del otro ya que toda comunicación es respondida de acuerdo con cómo el receptor la interpretó.

> Todo comportamiento tiene una intención positiva.

Ante lo que tú comunicas recibirás una respuesta, puede ser una respuesta deseada o no deseada; aun el silencio del otro es una respuesta. Y qué tal la manera en que el otro te contestó. El mensaje que recibió, o sea, lo que entendió la otra persona, ¿fue lo que verdaderamente tú querías comunicarle? ¿Fue bueno para ti y bueno para la otra persona la manera en que fluyó la comunicación? ¿Qué ganancia hubo en esa comunicación? Si se lastiman y aumenta la molestia entre ambos, sabes que no fue la mejor comunicación. No hubo ganancia, todo lo contrario, ambos perdieron. Es preciso romper con patrones de comunicación que provocan distanciamiento y dolor.

Por otro lado, si la manera en que la otra persona respondió a lo comunicado es cónsono con tu intención de lo que querías comunicar, te comunicaste adecuadamente. Por ejemplo, digamos que quieres que tus hijos limpien el cuarto. Tu intención es que te escuchen y luego procedan a limpiarlo, sin embargo, se molestan, ponen objeciones y comienzan las acusaciones y las discusiones. Te sientes con coraje y comienzan las descargas de ambas partes. ¿Acaso eso es lo que tú querías? No, tu querías que limpiaran el cuarto, que entendieran que necesitabas ayuda, que limpiar el cuarto es parte de sus responsabilidades .Tu intención era otra, por lo tanto, tu comunicación fue inadecuada desde la perspectiva de la respuesta que provocó. ¿Qué puedes hacer? Primero, hacerte consciente de la manera en que te comunicas. ¿Cómo es tu tono de voz, tu postura? ¿Qué palabras utilizas? ¿Cuándo comunicas lo haces a modo de petición o de acusación? ¿Cómo te sientes en el momento en que te comunicas?

Al generar consciencia de la manera en que te comunicas puedes deliberadamente elegir modos alternos de comunicarte, esto de por sí supone el 50% del camino. ¿Y ahora qué? Ya sabes lo que no te funciona en la comunicación . Ahora puedes considerar como respuesta válida la manera que en la otra parte responde a lo que comunicaste por medio de su conducta y cómo te sientes con esa respuesta. Es importante comprender esto porque la conducta de cada miembro influye en la de los demás en forma de retroalimentación positiva o negativa. La manera en que te responde la otra persona es la forma de ellos decirte lo que entendieron de tu comunicación y cómo se sintieron.

A lo largo de este libro he enfatizado que todo cambio comienza contigo, por lo tanto, nuevamente te pregunto ¿cómo se requiere que tú seas para que te puedas comunicar en bienestar? Identifica lo mejor de ti, los estados emocionales y fisiológicos que te ayudan a ser habilidoso en la comunicación. Si quieres una respuesta tranquila, comunícate en tranquilidad y ten paciencia. Recuerda que te corresponde a ti hacer algo diferente para obtener resultados diferentes. Cuando te comunicas es inevitable que el estado que tienes en ese momento se proyecte en la manera en que te estás comunicando. Por lo tanto, es importante que estés consciente de tu estado emocional, físico y mental. Elige cuándo comunicarte y asegúrate que tienes el estado adecuado, el estado debe estar cónsono con el contenido de lo que dices. Esto es comunicar congruentemente. Cuando te comunicas de esta manera tu comunicación es poderosa porque sentirás que se está dando con todo tu ser y la otra persona sentirá, observará y escuchará un mensaje alineado con el contenido.

El mensaje será claro y cumplirá con el propósito establecido. Un buen vendedor comunica con entusiasmo su producto. En su tono de voz se refleja la emoción que él siente y en su cuerpo se refleja la alegría tanto en sus gestos como en sus movimientos y, ¿qué sucede? El comprador se contagia con el entusiasmo del vendedor y, sin darse cuenta, comienza a entusiasmarse también, pues se convence de que si el vendedor se siente de esa manera, entonces es que el producto tiene que ser bueno. Cuando te comuniques con los diversos miembros de tu familia procura alinear tu lenguaje no verbal con la intención de tu comunicación. Recuerda la comunicación se da con todo tu ser. Valida la comunicación con la respuestas que obtienes. La responsabilidad de darte a entender es tuya.

CAPÍTULO 12
GENERO LA FAMILIA QUE DESEO

En los capítulos anteriores pudiste ver de diversas maneras que tú tienes todos los recursos emocionales, intelectuales, espirituales para lograr generar la familia que deseas, que todo cambio significativo comienza contigo y que lo único que se requiere es hacer algo diferente para lograr resultados diferentes. Con cada paso que des obtienes aprendizaje de lo que te funciona o de lo que no te funciona. Las familias estables y felices se han ganado ese sitial conquistando todo aquello que atenta contra su unidad y su bienestar. La primera conquista empieza contigo, es decir, si deseas cambios en tu relaciones familiares ¿cuánto estas dispuesto a cambiar? ¿Qué estas dispuesto a hacer diferente? ¿Qué nuevos pensamientos requieres generar? ¿Qué nuevas creencias potenciadoras requieres dar por cierto? ¿Cómo se requiere que tu seas para obtener nuevas conquistas?

> Hoy es el mejor momento para comenzar a hacer la diferencia.

Entre más participes en la creación de una familia feliz descubrirás que cada logro implica una conquista. Conquistar implica accionar, moverse, ser proactivo. Las conquistas se producen de adentro hacia fuera, por lo tanto, cada conquista se trata de ti. Mira hacia dentro "date cuenta" e integra a la vida el fruto de tu descubrimiento.

*Conquista** aquellas creencias que se manifiestan en forma de pensamientos, que te entristecen y no te permiten moverte en poder y esperanza.

*Conquista** aquellas actitudes que provocan distanciamiento con tus seres queridos, que no son otra cosa que viejos estilos de responder que se han tornado habituales en tu vida y que hoy de nada te sirven.

*Conquista** tus estados emocionales de modo que puedas moverte celebrando la vida con un profundo sentido de gratitud. Todo lo que es posible en tu vida aún no se ha manifestado en su totalidad, se requiere dominar aquello que te esclaviza para abrirte paso a todo lo que es posible en tu vida.

* **Conquista** aquellos comportamientos que tienen el efecto de generar conflictos en tu familia, de manera, que puedas responder desde una nueva dimensión sanadora que invita a la cercanía.

* **Conquista** las excusas y patrones de evasión que te mantienen en el mismo lugar de frustración y desesperanza.

Es posible vivir la experiencia familiar en regocijo y bienestar. A partir de este momento puedes declarar que:

Completa la siguiente frase:

———————⊗∞∞⊗———————

Yo soy una madre/padre/hijo (como deseas estar en tu familia)

_____

_____

_____

_____

Porque he conquistado (lo que se requiere conquistar en ti)

_____

_____

_____

_____

A partir de este momento puedes decidir asumir el poder de vivir tu dinámica familiar con un alto sentido de satisfacción por el hecho de que es posible y está en tus manos hacerlo. Decide que a partir de este momento asumes plena responsabilidad de tu bienestar y que nadie ni nada es lo suficientemente fuerte como para arrebatarte lo que es tuyo, ni siquiera tu pareja o tus hijos. Decide que a partir de hoy verás, escucharás y sentirás a tu familia de una manera diferente y, por ende, esta nueva manera de ser será de bendición para ti y para todos los miembros de tu familia.

Para que las cosas cambien se requiere que tu cambies primero hasta que no estés dispuesto a asumir plena responsabilidad por lo que piensas y sientes serás rehén de tus propias limitaciones.

Conquista, decide y sé feliz; tú y tu familia se lo merecen. Tú eres la diferencia que hace la diferencia. ¡Muévete y comienza a disfrutar de la familia que siempre has deseado!

APÉNDICE

Notas Para Este Ejercicio

Satisfacción familiar

Ejercicio: satisfacción Familiar	Nombre	Nombre	Nombre	Nombre	Nombre
¿Cuánto te gozas con...?					
¿Cuánto conversas con...?					
¿Cuán satisfecho estas con lo que conversas con...?					
¿Cuán bien conoces a...?					
¿Cuán cercano te sientes a...?					

JOSÉ RIVERA TALAVERA

Notas Para Este Ejercicio

Conecto Conmigo

¿Qué quiero para mi familia en... (positivo y específico)	¿Cómo se requiere que yo piense, me comunique y me comporte?	¿Qué debo ver , escuchar y sentir para saber que lo estoy logrando?
Compartir (define lo que es compartir para ti, recuerda estructurarlo en positivo y específico)		Veo_____ Escucho_____ Siento_____
Confianza (define lo que es confianza para ti, recuerda estructurarlo en positivo y específico)		Veo_____ Escucho_____ Siento_____
Respeto (define lo que es respeto para ti, recuerda estructurarlo en positivo y específico)		Veo_____ Escucho_____ Siento_____
Responsabilidades (define cuales son las responsabilidades de cada cual en el hogar para ti, recuerda estructurarlo en positivo y específico)		Veo_____ Escucho_____ Siento_____

Notas Para Este Ejercicio

Liberación Emocional

Evento (lo que sucedió)	¿Qué siento?	¿Qué puedo aprender de esta experiencia?	¿Qué de bueno tiene?	¿Qué puedo hacer diferente para generar bienestar?

Notas Para Este Ejercicio

Transforma la comunicación.

Evento	Comunicación para controlar ¿Qué me molestó del evento? ¿qué siento?¿En qué parte de mi cuerpo lo siento? ¿Cuál fue mi primera reacción?	Comunicación para transformar ¿Cuál es la necesidad no satisfecha detrás del evento? ¿Cómo puedo comunicarme para validar esa necesidad no satisfecha de ese miembro de la familia,? ¿Qué palabras puedo utilizar para validarlo? ¿Cuál debe ser mi estado de ánimo para comunicarme en excelencia?	Resultados ¿Cómo me siento ahora que he logrado comunicarme en excelencia? ¿Qué aprendí de esta experiencia? ¿ Qué beneficios trae esta nueva forma de comunicarme con mi familia?

133

Notas Para Este Ejercicio

Contando mis bendiciones

Por cada año de vida escribe una bendición.

8.	16.	24.	32.	40.	48.	56.	64.
7.	15.	23.	31.	39.	47.	55.	63.
6.	14.	22.	30.	38.	46.	54.	62.
5.	13.	21.	29.	37.	45.	53.	61.
4.	12.	20.	28.	36.	44.	52.	60.
3.	11.	19.	27.	35.	43.	51.	59.
2.	10.	18.	26.	34.	42.	50.	58.
1.	9.	17.	25.	33.	41.	49.	57.

Notas Para Este Ejercicio

Liberación y sanación

¿Cuál fue el evento? ¿Dónde? ¿Cuándo? ¿Con quién?	
¿Cómo me sentí? ¿En qué parte de mi cuerpo se manifestó?	
¿Cómo me siento ahora, al recordar dicho evento? ¿En qué parte de mi cuerpo lo siento?	
¿Qué quiero hacer con esto que siento? (Continuar sufriendo, sanarlo, soltarlo, aprender)	
¿Cuándo quiero lograr esto? ¿De cuánto tiempo dispongo? ¿Dónde quiero lograr esto? ¿Con quién quiero lograr esto?	
¿Cómo se requiere que yo sea para lograr esto?	
¿Qué he aprendido de esta experiencia ahora que la abordo de esta manera?	

Notas Para Este Ejercicio

Contexto

Contexto	Cosas importantes de este contexto	Prioridades de lo importante
Relación conmigo		
Relación con mi pareja		
Relación con mis hijos		

Notas Para Este Ejercicio

¿Me ayuda a estar bien? / ¿Qué días lo haré? / ¿A qué hora?

	Lunes	Martes	Miércoles	Jueves	Viernes	Sábado	Domingo

SOBRE EL AUTOR

José Rivera Talavera es un conocido entrenador de *Neurocoaching* (*Coaching* y *Programación Neurolinguística*) que ha dedicado sus esfuerzos en el desarrollo de esta disciplina en Puerto Rico, República Dominicana y Panamá.

Es *master trainer* de la *International Asociation of Coaching and NLP* (IACNLP) y co-fundador de la Compañía *"Integral Coaching"* con sede en Cidra, Puerto Rico. Trabaja con compañías e individuos en la aplicación de *Neurocoaching* para la obtención de resultados extraordinarios.

Es conferenciante motivacional y formador de *Neurocoaches*. Además, ofrece una Certificación Profesional en *Neurocoaching* acreditada por la *Asociación Euro-Americana de Coaching* y es *Fellow Member Trainer* de la *"International Association for Neuro-Linguistic Programming"*.

Neurocoaching Para La Familia

José Rivera Talavera

Esta edición está disponible en formato electrónico / eBook y en formato impreso / Papel. Para comunicarse con el autor, puede escribir a: jrt.integralcouching@gmail.com

www.ingramcontent.com/pod-product-compliance
Lightning Source LLC
Chambersburg PA
CBHW020523290526
45786CB00002B/732